聖書に聴く
「人生の苦難と希望」

船本弘毅

教文館

推薦のことば

渡部　満

「聖書」を読んでみたい、「聖書」に何が書いてあるか知りたい、という人は多いのではないでしょうか。特にキリスト教信者になりたいということとは別に、興味を感じている人も多いでしょう。「聖書」を読むことは割合に簡単にできます。ページの厚さから換算すると、割合安価に手に入れることができます。ホテルのベッドルームにおいてあることすらあります。現代の日本語にも全文が翻訳されていて、比較的平易な言葉で読むことができます。

しかし、単純に文章を読めることと、そこで書かれていることがどういう意味なのか、何故こんなことが言われるのか、それを知ることとは別です。読んでも、実際にはなかなか理解できなくて困惑される方も多いのではないでしょうか。

その大半が、何千年も昔に書かれた古代の書物であることに、その理解を妨げる要素があるとも言えます。しかしそれ以上に、語られている個々の言葉やストーリーがどういうコンテクストで語られ、それが自分にとって意味があるかどうかがピンとこない、ということがもっと切実な問いではないでしょうか。それがわからないと、途中で興味を失い、投げ出してしまうことになります。もっと身近な、現代の生活に密着した小説や評論の方が面白いし、興味をかきたてるからです。

聖書を知るためには、どうしても手引きが必要です。何が書かれていることの中心で、何が周辺的なことか、最も大事なことは何か、それを手ほどきしてくれる手引きが必要なのです。その世界に入り込む導き手が必要だとも言えます。

本書、船本弘毅先生の聖書講話は、その意味では、非常に優れた、日本語で読める、しかも現代的な感覚に満ちた、手引きの書物だと言えます。その意味でも、是非、この本を手にとって、ひとつひとつの講話を丁寧に読んで、その手引きに従って内容に入り込んでいただきたいと切に願います。先生は、ＮＨＫの人気番組「宗教の時間」でも、聖書講話を担当され、信頼された講師のお一人でもあられました。

＊　＊　＊

今、「あられました」と書きましたが、この本は、船本弘毅先生の「遺著」となりました。内容は、旧約聖書から四回、新約聖書から五回、合計九回（一〇回目の要旨は「あとがきに代えて」に収録）の聖書講話です。期間は約二年間にわたっています。この二年間は先生にとって特別な二年間でした。この講話の連続講演会を始められた二〇一六年の一一月に最初に体調の異常を自覚され、その後、四回の内視鏡手術、死因となったがんの手術等を経て、二〇一八年五月に最後（七回目）の手術を受けられ、七月に最終回となった第三四回の講話を語られました。その約一か月後には帰らぬ人となられました。

先生は、いつも堂々とされ、見るからに健康そのもののような方でした。見かけだけではありません。語られる言葉は、いつも明確であり、迫力があり、お考えも筋道だっており、誰もが納得するような、しかも曖昧さのない語り口で、時間もきっちり守られる方でした。わたしも何度か、聖書講話をされる先生のお話を会場で直接伺う機会がありました。いつも一〇〇人近い聴衆を前に、ほとんど言いよどむこともなく、はっきりと、明確に聖書の伝えるメッセージをお語りになり、見事としか言いようのないお話でした。

語られる先生の言葉の背後には、聖書に対するたゆみない研究があったと思います。聖書学者たちの成果をきちんと吸収され、それを分かり易く、聞く者が理解できるように、しかも具体的に説明されました。先生が若い時に師事された聖書学者のお名前も、講話の中で言及されています。みな記憶に残る優れた方々でした。その面では、いささかも手を抜かれることはなかったと思います。

先生は教育者であられたと思います。大学での学びを終えられた後、母校である関西学院大学で宗教主任の職務にお就きになり、やがて同大学教授、宗教総主事になられ、関西学院大学を離れられてからも、東京においでになられて東京女子大学、東洋英和女学院で、学長として、また院長として職務を果たされました。講話を聴く者への教育的な配慮を感じさせます。お話の展開も、聴く者を飽きさせない、身近な話題が次から次へと飛び出す話し方です。

しかし、何よりも伝道者・牧師であられました。聴く人間にとって都合の良い、面白おかしい話をされたのではなく、聖書が伝えるメッセージを的確に、しかも力強く、伝達されようという、福音の真理を皆に分かってもらおうという情熱を感じさせられました。また、誰もが知っているニュースや時の話題にも言及され、感想を交えて、事件と聖書の言葉との関連を伝えようとされました。

また、先生は信仰者としての生き方を最後まで貫かれました。これらの聖書講話からそれは痛いほど伝わってきます。戦後間もない時代に学生生活を送られたときの話、最近受けられた手術をめぐる家族との会話、それらを語られる先生には、聖書の言葉を生きる人間はどのような生き方をするのか、人生の中で出会う困難や苦難にどう立ち向かうのか、その中でどのような希望を与えられるのかを、切々と語られる姿を垣間見ることができます。

この本を読むことが、本書を手に取られ、読まれる方々に、聖書の語る真理に触れる機会となることを願ってやみません。

（株式会社教文館代表取締役社長、公益財団法人日本キリスト教文化協会常務理事）

目次

装丁　熊谷博人

重荷を負う者

アモス書五章一四、二四節

はじめに

前回は二月一〇日の水曜日でした。今年はイースターが三月二七日と例年より早かったので、この日は灰の水曜日、今年のレント（受難節）の始まりの日でした。十字架のことを学び、第二期の「聖書に聴く『生と死』」を終わり、今日から七年目、第三期へ入り、総合テーマは「聖書に聴く『人生の苦難と希望』」といたしました。大きな難しいテーマですから、どれだけのことを話せるのか、わたしとしては怖れと不安を感じていますが、ご一緒にみ言葉に聴きたいと思いますので、よろしくお願いいたします。

前回の二月一〇日から今日五月一九日まで、ほぼ一〇〇日が過ぎました。相変わらずテロが続発し、対立と争いが絶えません。その中で五月一〇日、北朝鮮では朝鮮労働党第七回大会が金正恩（キム・ジョンウン）氏を党委員長に選出し独裁体制が作られ、翌月一一日にはオバマ氏が現職のアメリカ大統領として初めて五月二七日に広島を訪ねることが発表されました。一方、四月二五日には二〇二〇年の東京オリンピック・パラリンピックのエンブレムに市松模様のデザインが決定するというような出来事もありました。

しかし、何といっても大きな事件は四月一四日に前震、一六日に本震という大地震が熊本で起きました。被害の全貌はまだ明らかになっていませんし、復興の目途もついていません。

一九九五年一月一七日午前五時四六分の阪神・淡路大震災。

二〇一一年三月一一日午後二時四六分の東日本大震災。

二〇一六年四月一四日午後九時二六分と一六日午前一時二五分の熊本地震。

わたしたちはこの二〇年の間に三回の大きな地震を経験しました。阪神・淡路大震災は火事、東日本大震災は津波、そして今年の熊本地震は余震が被害を大きくしています。

安易に比較をすることは慎まねばなりませんが、今回の自然災害はすでに一四〇〇回を超える余震があり、終わりが見えて来ない、復興への手がつかないという不安、恐れがあり、いまだかつて経験したことのない災害の中に、わたしたちは立たされています。

五月一七日のテレビは本震から一か月経った五月一六日現在、熊本の全市立小中学校一三二校の児童・生徒六万一〇三九人のうち、二一四三人（三・五％）がカウンセリングを必要とする精神状態にあることを市教育委員会総合支援課が発表したことを報じていました。一人になると不安になる、頭が痛いなどと訴えていたのです。

この数は増え続けるでしょうし、学校に行かない小さい子どもたち、またお年寄りの方々の中にも、そして住民の多くの方々の中にも、同じことが起きつつあると思います。

この月曜日、五月一六日の午後九時二三分に茨城県南部を震源としたマグニチュード五・五の地震がありました。関東地方の広い地域で震度四、わたしの住んでいる狛江市では震度三が観測されました。震度三はそんなに大きくない地震ですが、戸棚のガラスは音を立てましたし、とっさに庭に飛び出せるように戸の鍵を外しました。揺れたなという思いは残りました。

熊本・阿蘇・大分の人々はこのような揺れをこの一か月の間に一四〇〇回以上も経験されたのだと思うと、これは大変なことと言わざるを得ません。テントの中で、車の中で、体育館の避難所で生活をしておられることを考えると想像を絶する苦しみ、苦痛だと思います。わたしたちは今、そのような現実の中に生きています。

今朝（二〇一六年五月一九日）の朝日新聞の鷲田清一氏選の「折々のことば」はロラン・バルトのこんな言葉を紹介していました。

愛する者たちを語るということは、彼らが生きたのは（そして……苦しんだのは）《無駄》ではなかったことを証言することです。

意味深い言葉だと思います。苦しみながら生きることは無駄なことではない。それが人生であり、愛する者について語ることは、その苦しみを避けることはできないということではないかと、わたしは受け取りました。

聖書における苦難、苦しみ

ご存知の通り、聖書の背景になったイスラエルの民の歴史は決して安易な豊かな、平安なものではなく、多くの苦しみ、苦難、困難と直面する中で展開されました。ですから、聖書の中には今回のテーマである「苦難」を表す言葉が数多く出てきます。新共同訳聖書の中で、それらはいろいろな訳語が用いられかなりの数にのぼるのですが、多い順に並べて見ますとこうなります。

①「苦しみ」＝旧約に九二回、新約に六四回、旧約続編に四〇回、計一九六回。
②「苦難」＝旧約に七〇回、新約に三一回、旧約続編に一一回、計一一二回。
③「労苦」＝旧約に六五回、新約に二一回、旧約続編に二〇回、計一〇六回。
④「重荷」＝旧約に二六回、新約に一〇回、旧約続編に八回、計四四回。
⑤「苦悩」＝旧約に二六回、新約に〇回、旧約続編に一一回、計三七回。
⑥「苦痛」＝旧約に一三回、新約に五回、旧約続編に八回、計二六回。

その合計は五二一回ですから、かなりの数です。そして、そのことは人生は苦しみや苦難や労苦に満ちており、生きるということは大変なことであることを明らかに示していると言えます。

旧約聖書の中に知恵文学と呼ばれるもの（ヨブ記、箴言、コヘレトの言葉）があり、その一つは、かつては「伝道の書」と呼ばれ、新共同訳聖書では、「コヘレトの言葉」（集会の中で語る者の意）とされた文書がありますが、こう書き始めています。

コヘレトは言う。
なんという空しさ
なんという空しさ、すべては空しい。

太陽の下、人は労苦するが
すべての労苦も何になろう。
一代過ぎればまた一代が起こり
永遠に耐えるのは大地。
日は昇り、日は沈み
あえぎ戻り、また昇る。
（コヘレト一・二―五）

コヘレトは、「わたしは天の下に起こることをすべて知ろうと熱心に探究し、知恵を尽くして調べた」。そして、「神はつらいことを人の子らの務めとなさったものだ。わたしは太陽の下に起こることをすべて見極めたが、見よ、どれもみな空しく、風を追うようなことであった」と言います。

しかし、有名な三章では、

何事にも時があり
天の下の出来事にはすべて定められた時がある。
生まれる時、死ぬ時
植える時、植えたものを抜く時……

（コヘレト三・一以下）

と語り、その最後は、「神はすべてを時宜にかなうように造り、また、永遠を思う心を人に与えられる」（一一節）と述べているのです。

すなわち聖書は人間のこの世の生が多くの苦難に満ちていることを直視しながら、ただそのことを否定的に、宿命的に捉えるのではなく、むしろ積極的にすべてを受けとめ、そこに神のみ旨を問おうとしているところに特色があると言えるのです。

詩編一一九編七一節を思い出される方も多いことでしょう。文語訳は優れた訳ですが、このようにあります。「困苦《くるしみ》にあひたりしは我によきことなり　此によりて我なんぢの律法《おきて》をまなびえたり」。

あるいはパウロがローマの信徒への手紙五章で語る、「このように、わたしたちは信仰によって義とされたのだから、わたしたちの主イエス・キリストによって神との間に平和を得ており、このキリストのお陰で、今の恵みに信仰によって導き入れられ、神の栄光にあずかる希望を誇りにしています。そればかりでなく、苦難をも誇りとします。わたしたちは知っているのです、苦難は忍耐を、忍耐は練達を、練達は希望を生むということを。希望はわたしたちを欺くことがありません。わたしたちに与えられた聖霊によって、神の愛がわたしたちの心に注がれているからです。実にキリストは、わたしたちがまだ弱かったころ、定められた時に、不信心な者のために死んでくださった」（ローマ五・一―六）を思い出された方も多いと思います。

こうしたことを大前提としてというか、土台として、今回から「人生の苦難と希望」という大切な課題と共に取り組みたいと思います。

アモスについて

今日は旧約の預言者アモスを中心に考えたいと思います。その理由は次のとおりです。

まず、今のこの時代、テロの危険に世界が動揺している時、東日本大震災五年を経過しながら復興は遅れ、原発の問題、社会の格差の問題、憲法改正の問題、安保関連法の問題を抱えている時に、熊本地震が起き、余震が止まらない現実の中で、アモスの預言に聞く必要性があり、これはわたしたちのテーマに深く関わっていること。第二に、アモスとは「重荷を負う者」という意味の名前であり、苦難の問題を考える最初に取り上げるのは、ふさわしいことだと考えたからです。

アモスは南ユダ王国のテコア出身の牧羊者でした。アモスが預言者として活躍したのは、ヤロブアム二世の治世（前七八七―七四七年）ですが、彼は神から北王国イスラエルに行って預言することを命じられました。ヤロブアム二世が四〇年にわたって王であったということは、政治的に安定し経済的に繁栄していたことを示し、いわば、北イスラエル王国は全盛期を謳歌していたと言えます。

しかし、残念なことに政治、経済の繁栄は、社会に痛みを生じさせ道徳的退廃が起きるのが常でした。その状況の中でアモスは指導者層の非社会的な行動を鋭く批判したのでした。

経済的に国が繁栄することは喜ばしいことであり、指導者たちの功績でもありますが、社会的、宗教的腐敗をもたらし、貧富の格差が拡大し、乱れが生じました。その中で、アモスは何より「正義」を主張し、今繁栄を誇っているイスラエルがやがて滅亡に向かうであろうと預言したのでした。

アモス書は九章から成っています。十二小預言書の一つですから、そんなに大きな預言書ではありません。内容的に三つに区別することが可能です。

第一部は、一―二章で、神ヤハウェの審判がイスラエルの近隣諸国に下されること。そしてほどなくして北イスラエル王国にも神の審きが下ることを警告しています。

第二部は、三章から六章までの四章で、これは預言詩の断片であり、イスラエルの社会的罪悪が責められています。

第三部は、七―九章の三章で、アモスの見たさまざまな幻が描かれています。

こうしたアモス書の構成により、アモスの預言はイスラエル民族の罪の告発と、それに対する神の審判とから成っていると言えるでしょう。

アモスにとって、神は正義であり、義の神でした。彼の預言の中心としてよく知られている言葉は、五章二四節であり、アモスは、

正義を洪水のように
恵みの業を大河のように
尽きることなく流れさせよ。

と預言したのでした。

アモスの預言の特色は、視野を広く持って、近隣諸国にも注目してそこから次第にイスラエルの抱えている問題をしぼり出し、イスラエルは神の選びの民であるゆえに、神の審きもまた厳しいことを短く主張しているということです。

ノブレス・オブリージュというフランス語があります。身分や地位の高い人間にはそれに伴う職務と責任があるという意味で広く一般的に用いられています。

パウロが第一コリント書一五章で、自分は神の教会を迫害した者だから、使徒たちの中で一番小さい者であり、使徒と呼ばれる値打ちもなく、いわば月足らずに生まれたような者にすぎない

けれども、ただ神の恵みによって今日のわたしがある。「今あるは神の恵み」という確信と感謝に立った時、与えられた神の恵みを無駄にしないために、わたしは他の誰よりも熱心に主のために働いた。しかしその業は自分の力や功績ではなく、わたしと共にある神の恵みだった、と言った言葉（Ⅰコリント一五・九―一〇）を想起します。

そのようにしてアモスは、選ばれているということの意味をイスラエルの民に明らかにし、彼らが信仰に立って生きることを勧めたのでした。

アモスの預言

第一部　諸国民に対する審判（アモス一―二章）

ここで名指しで審きが語られている諸国民は、ダマスコ（一・三）、ガザ（一・六）、ティルス（一・九）、エドム（一・一一）、アンモン（一・一三）、モアブ（二・一）、ユダ（二・四）の順であり、いずれも「～の三つの罪、四つの罪のゆえに／わたしは決して赦さない」という言葉で、審きの内容が具体的に明らかにされ、一番最後にイスラエルの罪が二章六―一六節まで、一〇節を用いて語られています。

アモスの意図は、近隣周辺の民のさまざまな罪をあらわにしながら、最後にその矛先は北イスラエル王国に向けられており、アモスの究極のねらい、彼が糾弾しようとしたのは、イスラエルの罪であったことは明らかだと思われます。

アモス書二章六―八節はこう語ります。

主はこう言われる。
イスラエルの三つの罪、四つの罪のゆえに
わたしは決して赦さない。
彼らが正しい者を金で
貧しい者を靴一足の値で売ったからだ。
彼らは弱い者の頭を地の塵に踏みつけ
悩む者の道を曲げている。
父も子も同じ女のもとに通い
わたしの聖なる名を汚している。
祭壇のあるところではどこでも
その傍らに質にとった衣を広げ
科料として取り立てたぶどう酒を
神殿の中で飲んでいる。

すなわちイスラエルの罪とは、第一に、「正しい者を金で」「貧しい者を靴一足の値で」売るという悪しき行為、第二に、「弱い者」をしいたげ「悩む者」の権利を奪うという法的な罪であり、アモスは社会的な不正や宗教的な堕落を厳しく責めているのです。

アモスが繰り返す「三つの罪、四つの罪」という言い方は「三つ、四つ」で「七つ」とも、あるいは「三つ、いや四つ」とも理解することができますが、預言では具体的な罪状は三つも四つも挙げられていないので、「たくさん」「もろもろ」といった包括的な表現として用いられていると考えてよいでしょう。

イスラエルへの攻撃の言葉の後には、「エジプトからの解放（出エジプト）と荒れ野の四〇年間の放浪」と「アモリ人の土地の取得という神の救いの業」（アモス二・一〇）が引用されており、ヤハウェを想起せよ、と神への視点が求められていることに注目しなければなりません。これは一つの歴史的信仰告白と考えてもよいでしょう。

さらにそれに加えてアモスは、お前たちの中から「預言者」と「ナジル人」を起こしたのに、イスラエルの人々は禁欲的な生活をしてきたナジル人に酒を飲ませ、預言するために立てられた預言者に預言することを禁じるという誤りを犯したと追求します。だから北イスラエル王国は、もはやヤハウェの審きを逃れることは決してできないと批判したのです。

第二部　イスラエルの罪を問うアモスの預言（アモス三―六章）

アモスはここでイスラエルの民に対するヤハウェの審きの理由を明らかにすると共に、自分の預言が客観性を持つことを主張しています。

イスラエルは神によって選ばれた民ですが、それはただ神の自由な選びによるのであって、イスラエルの民の持つ資質のゆえでは決してありません。イスラエルの民は神によって、神と契約の関係に招き入れられたのであることを、アモスは明確にします。

三章二節はそのことを端的にこう表現しています。

「地上の全部族の中からわたしが選んだのは／お前たちだけだ。それゆえ、わたしはお前たちを／すべての罪のゆえに罰する」（新共同訳、傍点著者）。この箇所は、他の翻訳では次のとおりです（以下、傍点著者）。

地の諸《もろもろ》の族《やから》の中にて我ただ汝ら而已《のみ》を知れり
この故に我なんぢらの諸の罪のために汝らを罰せん（文語訳）

地のもろもろのやからのうちで、わたしはただ、あなたがただけを知った。

それゆえ、わたしはあなたがたの／もろもろの罪のため、あなたがたを罰する。（口語訳）

地上のあらゆる部族の中でわたしが知ったのは／お前たちだけであった。

だから、わたしはそのすべての罪のために／お前たちを罰するのだ。（フランシスコ会訳）

新共同訳聖書が「選んだ」と訳しているところを、文語訳聖書、口語訳聖書、フランシスコ会訳聖書はいずれも「知った」と訳しています。

旧約聖書では「知る」（ヘブライ語「ヤーダー」）は、ギリシア的な知的認識ではなく、たとえば創世記四章一節の「さて、アダムは妻エバを知った」という句に見られるように、「知る」は男女の深い関係を意味する語でした。ただ知識として知っているということに留まらず、人間の実存的な関係、夫婦の愛と信頼を示す語でした。そのことを踏まえて「知る」という語が「選ぶ」とか「契約する」という意味に用いられるようになってきたのです。

すなわち、イスラエルの民はただ神に知られている、選ばれているというのではなく、主において創造され、主において呼びかけられて、それに応答する特別な関係、特別な契約関係にある。そのことが「選ばれた民」「選民」ということだったのです。

しかもその関係は、人間の努力や資質や、持ち物によるのではなく、神からの恵みの賜物であったのです。そして、恵みと愛の賜物を与えられたイスラエルの民には、それにふさわしい責任と義務が伴ったのです。

恵みを受けながら、その恵みに応えて生きない時、選ばれ特別な関係の中で生かされながら、それにふさわしく応えて生きないならば、厳しい審きが要求されるのです。

このことは信仰の中心的課題として、旧約聖書から新約聖書にも継承されています。イエスはルカによる福音書一二章四七―四八節で同じことを次のように語っておられます。

「主人の思いを知りながら何も準備せず、あるいは主人の思いどおりにしなかった僕は、ひどく鞭打たれる。しかし、知らずにいて鞭打たれるようなことをした者は、打たれても少しで済む。すべて多く与えられた者は、多く求められ、多く任された者は、更に多く要求される」。

ここには選びの民であるイスラエルのおかれている位置とその責任が述べられていると言えるでしょう。言うまでもなく、神の前に生かされるキリスト者の歩みについて語る言葉でもあります。しかし、アモスの語る神の言葉と、イスラエルの民が認識し、考えていたこととの間にはずれがあり、そのためイスラエルの民の中にアモスに対する反発を生み出すことになりました。

彼らは「神の選びの民」という特権の中に安住し、自分たちは救われる者であるという恵みの中に生きることを当然のこと、自分たちの特権と考えて、神の民として選ばれ契約に入れられることが、彼ら自身の責任と使命を内包していることを、充分に自覚していなかったのです。

選ばれるという特権の感覚は、往々にして人間の思慮を眠らせ、自らにゆだねられている委託への応答の使命をにぶらせたり、忘れさせてしまう危険というか、魔力を持っているのです。イスラエルは神の選びの民でした。これは感謝すべき、恵みの出来事でした。しかし、それが「選民意識」として固定化し、特権化されてくると、その他の人を選ばれていない民、救いの外におかれている民として、排除することを生み出してきたのです。聖書の深い課題の一つである、いわゆる「異邦人問題」がそこから生じてきたのです。

しかし、このことは単にイスラエルの民のこと、過去のことではなく、人間社会において、そしてキリスト教の歴史において、教会もまた常にこの問題、誘惑と戦ってきたのであり、その意味では決して古い問題ではなく、新しい問題と言えます。

「罪からの解放、束縛からの解放」をゆるされて、神との特別な関係に生かされることは、「神の恵みのしるし」にほかならないにも拘らず、それを当たり前のこと、既得権のごとく受け取るようになると、恵みが恵みとして受けとめられず、人間を傲慢にし、不信仰へと導いて行くことになるのです。このために働いたのは預言者たちでした。空洞化し、形骸化した祭儀や礼拝を真に復活させるために彼らは働いたのでした。

第三部　アモスの見たさまざまな幻（アモス七―九章）

滅亡を告げるアモスの預言は当然人々の間に混乱を生じさせ、人々の反感を買うところとなりました。祭司のアマツヤは北イスラエル王国の王ヤロブアムに対し、「この男は国家の滅亡を告げる反逆者だ」と訴え、アモスに向かっては、「先見者よ、行け。ユダの国へ逃れ、そこで糧を得よ。そこで預言するがよい。だが、ベテルでは二度と預言するな。ここは王の聖所、王国の神殿だから」（七・一二）と宣言したのでした。

しかし、それに対し、アモスは答えます。「わたしは預言者ではない。預言者の弟子でもない。わたしは家畜を飼い、いちじく桑を栽培する者だ」（七・一四）。わたしはいわゆる職業的預言者集団に属する者ではなく、本来牧羊者であり農夫にすぎません。そのわたしを神が召してくださったのです。神がわたしに向かって「わが民イスラエルに預言せよ」と言われたのです。ヤハウェからの語りかけを受け、その言葉に従って行動したにすぎません、と言ったのです。

真実の預言者とは人間の思いを語るのではなく、神から啓示された言葉を自分で受けとめ、神はこう語られるということを自分の言葉で語り伝える者なのです。アモスは祭司のアマツヤの言葉に反して、恐れることなく、北イスラエル王国の敗北と捕囚を預言し、そしてその通り紀元前七二二年にアモスの預言は成就し、首都サマリアはアッシリア帝国により陥落させられ亡んだのでした。

アモス書にはアモスの見た五つの幻が書かれており、そのすべてにおいてアモスは「わたし」という一人称を用い、そのあとに「終わりの日」「のちの日」について語っています。

「その日」は、第一に、あたかも最愛の独り子を失ったのと同じような希望のない悲しみと苦悩の日になる。第二に、その日には「飢え」と「渇き」に襲われる。しかし、それはパンや水への肉体的な飢え渇きではなく「主の言葉」への飢え渇きである、と言います。

見よ、その日が来ればと
主なる神は言われる。
わたしは大地に飢えを送る。

それはパンに飢えることでもなく
水に渇くことでもなく
主の言葉を聞くことのできぬ飢えと渇きだ。

（アモス八・一一）

わたしたちはここでイエスの荒野の誘惑の出来事（マタイ四章）を思い出すでしょう。イエスは公の活動を始める前に、荒野に連れて行かれ、サタンから三つの誘惑を受けられました。その第一の誘惑は、次のようなものでした。

すると、誘惑する者が来て、イエスに言った。「神の子なら、これらの石がパンになるように命じたらどうだ」。イエスはお答えになった。
「『人はパンだけで生きるものではない。
神の口から出る一つ一つの言葉で生きる』〔申命八・三の引用〕
と書いてある」。

（マタイ四・三―四）

主の言葉がわたしたちを生かす、主の言葉なしに人は真実には生きられないということが、明確に示されています。

第三に、「その日」には神を神とせず、偶像礼拝に傾く者に厳しい審きがくだされると告げられています。

第四に、最後の幻（アモス九章）では、①主の審きが避けられないこと、②神は全世界の神であること、③のちの日の回復、が語られています。

九章一節で「彼らのうちに逃れうる者はない。逃れて、生き延びる者はひとりもない」と語られますが、一三節以下では、「見よ、その日が来れば、と主は言われる」と語り出し、

耕す者は、刈り入れる者に続き
ぶどうを踏む者は、種蒔く者に続く。
山々はぶどうの汁を滴らせ
すべての丘は溶けて流れる。
わたしは、わが民イスラエルの繁栄を回復する。
彼らは荒らされた町を建て直して住み
ぶどう畑を作って、ぶどう酒を飲み
園を造って、実りを食べる。
わたしは彼らをその土地に植え付ける。
わたしが与えた地から
再び彼らが引き抜かれることは決してないと

あなたの神なる主は言われる。（アモス九・一三―一五）

という言葉で、アモス書は閉じられているのです。

アモスの預言の特色

アモスは三大預言者（イザヤ、エレミヤ、エゼキエル）に次ぐ預言者であり、十二小預言書の中では恐らくアモス書が最も多く引用され、憶えられていると言ってよいと思います。今日の聖句として記しました、アモス書五章一四節と二四節は中でも特に有名であり、アモスという名を聞くと、この聖句を思い出される方も多いと思います。

アモス書の冒頭に「テコアの牧者の一人であったアモスの言葉」（一・一）とありますように、アモスはテコア出身の牧羊者の一人にすぎませんでした。「テコアの荒れ野」とは、歴代誌下二〇章二〇節に出て来るような地であり、羊飼いはごくありふれた仕事にすぎず、彼はその長とか代表でもなく、群れの一人にすぎなかったのです。

その一人の男が思いがけず、神に召し出されて、南ユダから栄えていた北イスラエルに赴いて活動し、特に指導者層の非社会的行為を批判し、土地を奪われた小作農業者たちのために、王国の滅亡を預言したのです。そのためベテルの祭司アマツヤによって、北イスラエルから追放されたのでした。

いわばその名のごとく「重荷を負う者」「苦難を担う者」として生きながら、その中で彼はイスラエルの民がもろもろの罪から離れて神の民として生きることを強く求めました。そのための道を示した預言者であったのでした。

彼の預言の代表的な言葉をいくつか挙げて、アモス預言の特色を考えてみたいと思います。

まことに、主はイスラエルの家にこう言われる。
わたしを求めよ、そして生きよ。
（アモス五・四）

アモスの神髄を表す言葉だとわたしは思っています。要するにアモスがもろもろの罪の中に生きているイスラエルの民に一番伝えたかったこと、語りかけたかったことは、「主を求め、主にあって生きよ」ということでした。別の言葉で言えば、「神の民にふさわしく生きよ」と勧めたのです。「神を求める」、この一事において人間は初めて真実に生きることができると言うのです。

先ほどイエスがサタンの誘惑を受けたという、マタイ福音書四章の記事に触れました。ご存知の通り、サタンの誘惑は三つありました。①「石をパンに変えよ」。②「神殿の屋根の上から飛び降りよ」。③世の栄華を見せて、「わたしにひれ伏すなら、これをみんな与えよう」。

そしてイエスは聖書の言葉を用いてそれを拒否なさったのですが、最後にイエスは、「退け、サタン。『あなたの神である主を拝み、ただ主に仕えよ』〈申命六・一三の引用〉と書いてある」

と答えられました。マタイは「そこで、悪魔は離れ去った。すると、天使たちが来てイエスに仕えた」（マタイ四・一一）と記して、この誘惑の記事を終えているのです。

「主を礼拝し、主を求め、主にあって生きよ」。これがアモスの預言の特色の第一です。神との関係をしっかりと確立するところから、人と人との横の関係は生み出されるのです。

次に、

善を求めよ、悪を求めるな
お前たちが生きることができるために。　　　　（アモス五・一四）
悪を憎み、善を愛せよ　　　　（同五・一五ａ）

アモスは人間が真に生きるためには、「善を求め、善を愛し」「悪を求めず、悪を憎め」と二度繰り返し、極めて端的に勧めています。「善」（トーブ）と「悪」（ラア）が日常生活の中で、はっきり区別されなければならないと勧めているのです。

第三に、

また、町の門で正義を貫け。　　　　（アモス五・一五ｂ）

「町の門」、町に入る広場は裁判の行われる場所でした。そこでは「正義」（ミシュパート）が貫かれねばなりません。それは神の民に求められる不可欠な条件だとアモスは迫るのです。

そして、ここにあげた三つの柱とも言うべき「生き方」の指針を一つに要約したものが、アモスの有名な預言として五章二四節に集約されている、と言えるのではないでしょうか。すなわち、

正義を洪水のように
恵みの業を大河のように
尽きることなく流れさせよ。（新共同訳）
公道を水のように、
正義をつきない川のように流れさせよ。（口語訳）
公道《おほやけ》を水のごとくに
正義《ただしき》をつきざる河のごとくに流れしめよ（文語訳）
むしろ正しい裁きを水のようにほとばしらせ、
正義を涸れることのない川のように流れさせよ。（フランシスコ会訳）
Instead let justice flow on like a river
and righteousness like a never-failing torrent.（REB）

アモスが最終的にイスラエルの民に求めたことは「正義」（ミシュパート）、「恵みの業・公道」（ツェダーカー）の二つでした。そしてそのことを追求することにより、イスラエルの国は回復されると信じたのでした。そして現実にはこの二つが踏みにじられ守られてはいなかったのでした。

アモス書の中に、「正義」（ミシュパート）は五章七、一五、二四節、六章一二節の計四回。「公道」（ツェダーカー）は、五章七、二四節、六章一二節の計三回と、五章、六章で集中的に用いられ、対をなしています。アモスは歴史の真の支配者である神ヤハウェの意志が礼拝を通して示され、この世の法と秩序の中で実現されることを願い、そのことを力強く預言した預言者でした。

アモスの活動期間は長くはなく、むしろ短かったと思われます。少し詩的な表現を用いれば、アモスはあたかも彗星のごとく現れ、消え去って行ったと言えます。しかし、彼の残した「言葉」は重い言葉、神からの語りかけとして残っています。

結論・アモスとわたしたち

最後にひとこと、アモスとわたしたちについて述べさせていただきたいと思います。アモスが預言者として活躍したのは、ヤロブアム二世の時代であり、紀元前七八七―七四七年が王の治世と言われますから、紀元前七五〇年頃の人です。今、二〇一六年ですから、およそ二七七〇年前の人ということになります。

「昔」という英語は、“long ago” ですが、大昔のことは、“long long ago” と言いますね。アモスの生きた時代は、わたしたちにとって"long long"もう一つ足して"long long long ago"と言ってよいかもしれません。

しかし、アモス書を読んでみて感じることは、アモスの時代は決して忘却の彼方にあるのではなく、今を生きるわたしたちと変わりない問題を抱えていたということです。

初めに、なぜ「人生の苦難と希望」というシリーズの最初にアモスを取り上げるのか。その理由は第一に、今の時代――テロの脅威、自然災害、格差の問題などを抱えている今、アモスの預言に聞く必要があるのではないか、と申しました。アモスの預言は決して古くなく、現代に生きるわたしたちへの預言の言葉なのです。また第二に、アモスは「重荷を負う者」という意味の名であり、時にはイスラエルの重荷、苦難を担って生きた人であったからです。

わたしたちも今、多くの苦難の中に生きています。困難な時代の中にいます。その中でアモスの語った預言の言葉――主を求め、正義と愛に生きること――を、わたしたちもこの時の中で共に歩みたいものだと思います。

（二〇一六年五月一九日）

み旨を問う

ヨナ書一章一―七節

はじめに

前回（五月一九日）はアモス書を取り上げました。いろいろな反応があり、初めてアモスの預言について学びましたという方もありました。そこで今月は十二小預言書の中でアモスと共に大切な預言書の一つであるヨナ書を取り上げてみたいと思いました。

旧約聖書のヘブライ語原典は三部二四巻から成り、預言書は大預言書と小預言書に分けられ、大きな方はイザヤ、エレミヤといった名前で呼ばれ、小さい方は十二小預言書としてまとめられています。ですから、旧約聖書は現在は三九巻ですが、ヘブライ語原典では二四巻でした。しかしそれがギリシア語に訳された時、一二人の個人の預言者の名で呼ばれる預言書になったのは、ホセアからマラキに至るそれぞれの預言者が固有の信仰と神学を持ち、その時と場で大切な意味を持っていたということですから、今日はヨナに注目して全体のテーマ、「苦難と希望」というテーマを考えてみたいと思ったのです。

昨年のちょうど今頃、二〇一五年七月一五日、第二二回講演会のテーマは「共に生きるということ」だったのですが、その中で年賀状のお年玉くじの話をしたのを覚えておられるでしょうか。

こういう話は本論よりも記憶に残るものですが、当日おられなかった方もあり、またそれ以後この会に出席されるようになられた方も大勢いらっしゃるでしょうから、簡単に繰り返してお話をいたします。

実は昨年のお正月にわたしの出した年賀状が、お年玉くじの一等賞に当選したのです。わたしは全くくじ運の悪い人間ですからこれは驚きました。今でも信じられないような奇跡的出来事でした。当たった方は、わたしが関西学院大学で大学生の父母のために二七年間、二五〇回あまり行った聖書を学ぶ会のメンバーの一人で、九二歳になられるご婦人でした。この方も驚きかつ喜ばれて、「九二年生きてきて、こんなことは初めてのことと驚いています。今年は何か良いことがありそうでとてもうれしく思っています」、そして「お福分け」だと言って、神戸の有名な洋菓子屋の二五種類のペアー五〇枚のミニクッキーを送ってくださったのでした。

わたしは、くじなどで当たったことは全くなかった人間でしたから、こんなこともあるのかと驚くと共に、少し運が向いて来たのかなと感じたのです。「今年は何か良いことがありそうでうれしく思っています」と書いて来られたのですが、わたしも彼女にあやかって何か良いことがあるかもしれないと思ったのです。こういうところが甘いのですが……。

それで、お正月にこの方が一等賞に当たられたのだから、わたしは年末に良いことがないか賭けてみようと考えたのです。こう申しますと、多分皆さんの多くは、船本先生は年末ジャンボ宝くじ七億円をねらったなと思われたのではないでしょうか。残念ながら、それははずれです。わたしは子どもの時から年老いるまで一貫してくじ運はなかったので、七億円をねらうなんて、大それたことは始めからあきらめているわけです。では何をねらったのでしょうか。

ＮＨＫの紅白歌合戦を一度は会場で見てみたいと思っていたので、今年ならひょっとすると当たるかもしれないと、往復はがきで申し込みをしたのです。一〇月一日のことです。投函運にはあまり恵まれないくせに根は楽天的というか見通しの甘いところがあるので、はがきを出した時点で、今年は紅白歌合戦を会場で見られると思い込んで、夜中の一二時に終わって帰りの電車はあるかなと考えていました。しかし、なかなか返事は来ないのです。ようやく一一月初めに返信のハガキが戻って来ました。やはりはずれでした。

こう書いてありました。「『第六六回ＮＨＫ紅白歌合戦』の観覧にご応募いただきありがとうございました。会場の定員を大幅に上回る……ご応募をいただいたため、警察官の立会いのもとで厳正に抽選を行いました」。

この応募者の数がどれ位あったと思われますか。一〇二万と五人です。わたしはかなりの応募者があるだろうとは思っていましたが、まさか一〇〇万を超える申し込みがあるとは思ってもいませんでした。元々くじ運の悪い人間で、これでは当たることは決してありませんから、きれいさっぱりあきらめたわけです。ちなみに初日にはがきを出したにも拘らず、わたしにつけられた番号は一万八七二五番でした。

くじを引く

さてここから本論に入ります。聖書には「くじ」とか「くじを引く」ということがしばしば出て来ます。今読んでいただいた今日のテキストのヨナ書一章七節にも「『さあ、くじを引こう。誰のせいで、我々にこの災難がふりかかったのか、はっきりさせよう』。そこで、くじを引くとヨナに当たった」と記されていました。

「くじ」はヘブライ語では「ゴーラール」ですが、これはアラビア語の「ジカラル」（石）と関連のある言葉であり、「くじ」に石を用いる習慣があったことに基づいている、と言われます。箴言によりますと、「くじは膝の上に投げるが／ふさわしい定めはすべて主から与えられる」（箴言一六・三三）とあり、くじの結果は、神が決定されるものという考えがあり、それは問題の最終的決定の効力があるとされていました。ですから「くじ」によって選択や決定が示されたという記事は、聖書に多く出て来るのです。

例をあげますと、旧約聖書では、「山羊をより分けるのに」（レビ一六・八）、「嗣業の土地を割り当てる時に」（ヨシュア一四・二）、「敵を攻める時に」（士師二〇・九）、「サウルとヨナタンのどちらが悪事をしたかを決めるために」（サムエル上一四・四二）、「祭司の組分けの時に」（歴代上二四・五）、「攻撃をする月を決めるために」（エステル三・七）、「神にそむいた人を見つけるために」（ヨナ一・七）。

新約聖書では、「十字架につけられたイエスの衣服を兵士たちが分け合う時に」（マタイ二七・

三五）、「ユダの代わりに一二人目の弟子を決める時に」（使徒一・二六）。

これらの用例から明らかになることは、神の意志を見出すために、くじが古代から用いられてきたということです。そして、くじの結果は神のみ旨であり、それは決定的なこととして受けとめられてきたのです。

「み旨を問う」と申しますと、み旨は聖書ではとても重要なことであり、「み旨」という語は旧約聖書に三五回、新約聖書に二回、旧約聖書続編に一六回、計五三回出て来ます。特に有名な聖句としては、

ヨブは主に答えて言った。
あなたは全能であり
御旨の成就を妨げることはできないと悟りました。
（ヨブ四二・一―二）

主は人の一歩一歩を定め
御旨にかなう道を備えてくださる。
（詩編三七・二三）

人の歩みは主によって定められる。

主はその行く道を喜ばれる。

（同、口語訳）


人の心には多くの計らいがある。

主の御旨のみが実現する。

（箴言一九・二一）

人の心には多くの計画がある、
しかしただ主の、み旨だけが堅く立つ。
（同、口語訳）

などがあります。
聖書の時代の人々は神のみ旨を知るためにくじを引いたのでした。そしてそこには神への絶対的な信頼があったと言えるでしょう。
預言者のイザヤは、

主は彼らの分をくじによって定め
御手の測り縄によって土地を分け
とこしえに彼らの所有とされる。
代々にわたって、彼らはそこに住む。
（イザヤ三四・一七）

と語っており、ここにも神のみ旨がくじによって示されるというイスラエルの民の信仰、信頼が明らかに示されていると言えると思います。

ヨナ書の性格・構成

ヨナについてはあまり詳細なことは不明です。ヨナという名の預言者が、紀元前八世紀の前半に存在したことは確かめられていますが、ヨナ書はその預言者の歴史的記録ではなく、物語あるいは文学作品と言ってよいものです。従って最近の研究では、内容的には知恵文学と多くの共通点を持っているので、知恵文学に属する教訓的物語とする考えが強まっています。

しかし、それにも拘らずヨナ書が十二小預言書の一つとして取り扱われてきたのには、次のような理由が考えられます。

①アッシリアの首都ニネベ滅亡の預言がなされていること。
②その預言をした者として、列王記下一四章二五節に言及されているアミタイの子ヨナの名が利用されていること。
③編集者は異教への排他主義を唱えており、預言者エリヤにヨナの原型を見ていると思われること。
④ヨナ書は預言者の象徴的行為の叙述に類似していること。
⑤ヨナ書の書き出しの表現形式（「主の言葉がアミタイの子ヨナに臨んだ」）は、預言者についての伝統的な導入であること。また内容的にも神の憐れみはイスラエルの民にとどまらず、悔い改めた異邦人にも及ぶと述べており、それは預言者的思想を代表していると考えられること。

いずれにせよ、ヨナ書はユニークであり、示唆に富む書であると言えます。
新共同訳聖書ではヨナ書の小見出しは三つあります。

①ヨナの逃亡（一章）
②ヨナの救助（二章）
③ニネベの悔い改め（三―四章）

フランシスコ会訳は四つの小見出しをつけています。

①神の言葉への不従順（一章）
②感謝の歌（二章）
③神の言葉への従順（三章）
④神の憐れみ（四章）

内容的にはフランスシコ会訳の四つの区分、すなわち章ごとに独立したテーマがあったと見る方が理解しやすいと思われます。

ヨナの生涯

ヨナはアミタイの子であり、その名は「神は誠実」を意味していました。ヨナの活動した時は、ヤロブアム二世の治世であり、紀元前七八七―七四七年の間と思われます。北イスラエル王国のヤロブアム王は長期政権を誇り、領地を広げるなど、有能な王でしたが、信仰的には問題の多い王でした。

ヨナはガリラヤの町ガト・ヘフェルで育てられました。ガト・ヘフェルはナザレの北約五キロに位置していました。ユダヤ教の伝承によるとヨナはサレプタに住み、夫に先立たれた女性の息子だという説がありますが、確かな証拠はありません。ヤロブアム二世は比較的平和な時代の王であり、繁栄した時代でした。敵国アッシリアの首都ニネベの人口はかなり多かったと言われています。ヨナの時代、イスラエルの民は、アッシリアは世界征服を企てる残酷な迫害者であり、イスラエルの生存をも脅かす存在だと考えていたようです。そのような状況の中で神の声がヨナに臨みます。

主の言葉がアミタイの子ヨナに臨んだ。

「さあ、大いなる都ニネベに行ってこれに呼びかけよ。彼らの悪はわたしの前に届いている」。しかしヨナは主から逃れようとして出発し、タルシシュに向かった。ヤッファに下ると、折よくタルシシュ行きの船が見つかったので、船賃を払って乗り込み、人々に紛れ込んで主から逃れようと、タルシシュに向かった。（ヨナ一・一―三）

イスラエルの地にいたヨナに、アッシリア帝国の首都ニネベに行き、主の審きの言葉を語るように命が下ります。しかしヨナは神の召しを拒否してニネベに行かず、反対方向のタルシシュに逃げたのです。創元社から出版されている『聖書大百科』に「ヨナの逃げた道」という地図が出ています。

ニネベは女神イシュタルの称号「ニナ」から派生した名です。表意文字では魚を囲んだ形で書き「ニヌア」（魚の家）と呼びました。チグリス川中流の東岸に位置したニネベは近郊の町をも含めて、イスラエル人には「非常に大きな町」として知られていたようです。

一章二節に「大いなる都ニネベ」とあり、三章三節は「ニネベは非常に大きな都で一回りするのに三日かかった」。四章一一節には「どうしてわたしが、この大いなる都ニネベを惜しまずにいられるだろうか。そこには、一二万人以上の右も左もわきまえぬ人間と、無数の家畜がいる」と記されています。

地図によるとエルサレムは一三〇〇キロメートル位離れていると思われます。一方のタルシシュは鉱物資源に恵まれた地で、ユダヤ人、カナン人は早くからタルシシュと交易を結んでいました。遠く西方に海を隔てた植民地であり、イザヤ書二三章六節には「渡って行け、タルシシュに。

泣き叫べ、海辺の住人たちよ」という言葉があり、はるか彼方の地であったことが想像されます。地図には左すみに「タルシシュ」と書かれていますから、正確な距離を測ることは不可能ですが、とにかく遠く、主の力の及ばない地にヨナは逃げようとしたことが分かります。

ただヤッファからは船便があり、その船は「タルシシュの船」（イザヤ二・一六、二三・一、一四、六〇・九）と呼ばれていたようです。先日の新聞記事にあったような、東京都知事が忙しい仕事から逃れて、公用車で湯河原の別荘へ逃げたというようなことではなかったのです。

この逃亡についても聖書学者はいろいろな説を唱えています。

平穏に栄えた、大きな力のある町に行って、その町の滅亡を語るということは、人間にとっては恐ろしいことであるので、彼は避けようとしたという人もあり、ヨナはイスラエルの敵であるニネベが滅びることは望んでいたが、もし自分が警告を伝えてニネベのアッシリア人が悔い改めたら、神は彼らをゆるし、自分の預言は宙に浮いてしまう、実現しない預言を語ったことになると恐れたからだという人もあります。後者は少し結果から事件を見た考えであり、素直に前者でよいとわたしは思っています。とにかくヨナは神の命令を拒否して遠くへ逃げ出したのです。

しかし、嵐に襲われ船が沈みそうになりました。人々は誰か神にそむいた人がいるに違いないと考え、そこでくじを引いたところヨナに当たり、ヨナは自分の神へのそむきがこの嵐の原因だと告白したのです。人々は初めは何とか自力で逃げ出そうと努力し、ヨナを責めて海に投げ込むことはしませんでしたが、嵐はさらにひどくなり、やむなくヨナを海に投げ込みました。そして嵐は静まり人々は助かったのでした。

一方、海に投げ込まれたヨナのために神は大きな魚を用意され、彼は三日間魚の腹の中にいましたが、神に助けを求めたので、ヨナはヤッファに引き返し、海岸に吐き出されました。

そして、再度ヨナはニネベに行くことを命じられ、ヨナは神の意志に従いニネベへ行き、アッシリアの人々は悔い改めたのでした。そして神はニネベを滅ぼすことを思いとどまり彼らを助けられたのです。

しかし、ヨナは神の憐れみによるアッシリア人のゆるしが気に入らず、こんなことならわたしの生命を取ってくださいと神に不平を言い、都ニネベを出て東の方に座り込み、小屋を建てて、そこからニネベの成り行きを見届けようとしました。そこで暑さに苦しむヨナのために神はとうごまを生えさせ、頭上に日陰を作ってくださり、ヨナは喜びましたが、神が翌日そのとうごまを虫に食い荒らさせたので、木は枯れてしまいました。

ヨナは暑さにぐったりとなり「生きているより死んだ方がましだ」と言いましたが、神は「一夜にして生じ、一夜にして滅びたとうごまさえお前は惜しむが、それなら、わたしが大いなる都ニネベとそこに住む人々や家畜を惜しむのは当然ではないか」と言われたのでした。

これがヨナの物語、ヨナの生涯です。

ヨナと新約聖書の関連点

ヨナと新約聖書には、次の二つの点で関連があると考えられます。

第一に、ヨナは三日三晩、巨大な魚の腹の中にいました。これはイエスが十字架のあと、墓の中で過ごし、三日目に復活されたという出来事を想起させます。

マタイ福音書一二章三八―四一節に「人々はしるしを欲しがる」という小見出しの下に、ヨナのしるしに触れた箇所があります。そこではヨナは大魚の中に三日三晩いたが、イエスは墓の中（大地の中）から三日目に復活する、という叙述が問題になります。これはヨナがイエスの予型であり、ヨナのしるしはイエスを指示するものにほかならないということを、正しく認識することが大切なのです。「ヨナにまさるもの」とはイエスのことであり、イエスはヨナのしるしにまさり、復活して今も生きておられる方であることを示しているのです。

次に、ヨナは一旦ニネベ行きを拒否したにも拘らず、三章一節で再び主の言葉が臨んだ時、彼は直ちにニネベに向かったと記されています。これはヨハネ福音書二一章で、三度までイエスを裏切ったペトロに三度、「わたしを愛しているか」かと問い、「わたしの羊を飼いなさい」と再び召してくださったことと対応しています。

ちなみに、新共同訳は「巨大な魚」（ヨナ二・一）と訳されていますが、この原語のヘブライ語は「魚」以外の訳がつけられたこともあります。一六一一年のキング・ジェームズ欽定訳は「鯨」と訳して、「ヨナは三日三晩鯨の腹の中にいた」となっています。福音書記者が用いたのはギリシア語訳の旧約聖書、いわゆる七十人訳ですが、そこではヨナを飲み込んだのは「鯨」であったと訳しているので、キング・ジェームズ訳はこれを採ったのでしょう。ちなみに、口語訳は「大いなる魚」、文語訳は「大《おほい》なる魚《うを》」、「魚の腹の中にありき」としています。現代人の知識で言えば、鯨は哺乳類ですから魚類ではありませんが、古代イスラエルの人たちにはそのような区別はまだできなかったと考えられます。

ヨナ書の特色と意義

ヨナ書は四章から成っており、各章がそれぞれ独立した意味を擁していると考えるのがよいのではないかということを、初めの部分で申しました。内容的にはわたしはこう理解するのが分かりやすいのではないかと思います。

①ニネベ行きを拒否して逃げ出したヨナ（一章）
②捕らえられたヨナ（二章）
③ニネベに向かったヨナ（三章）
④ヨナの不平と神の愛（四章）

内容を検討してヨナ書の意義と特色を明らかにしたいと思います。

(1) 逃げ出したヨナ

ヨナは大いなる都ニネベに行き、その悪を明らかにし、ニネベの人たちに悔い改めを迫れと言われましたが、それを拒否して反対のタルシシュに向かいました。すでに申し上げ、地図でも見たように、ニネベとタルシシュは文字通り正反対の方向にあり、二つの町は遠く隔たっていました。反対側の目立たない所に一時的に身を隠したのではなく、はるか彼方の地の果てまで逃げようとしたのです。

このことは、彼は徹底的に主から逃れようとしたのです。主の言葉を拒否して、主の力の及ばないところへ逃げようとしたのです。ヨナの徹底した主否定の行為がここにはあります。わたしたちが神の召しに従わない、不信仰に陥るということは、ただ少し神を脇へおいておくといったことではなく、徹底的な神否定なのです。

最後の晩餐の席上で「あなたたちは皆、今夜つまずいて、わたしから去る」と主が言われた時、ペトロは「たとえ、みんながつまずいても、わたしはつまずきません」（傍点著者）と言い、イエスが「今夜、鶏が二度鳴く前に、三度わたしのことを知らないと言うだろう」と言われると、ペトロは力を込めて言い張りました。「たとえ、御一緒に死なねばならなくなっても、あなたのことを知らないなどとは決して申しません」と言ったのです（マルコ一四・二九以下）。これがレトリックをほとんど用いないマルコ福音書が記していることは、注目に価します。

そしてそのあと（マルコ一四・六六以下）大祭司の屋敷の下の中庭にいたとき、大祭司に仕える女中の一人が来て、ペトロが火に当たっているのを目にすると、じっと見つめて言いました。「あなたも、あのナザレのイエスと一緒にいた」と。

しかし、ペトロは打ち消して、「あなたが何のことを言っているのか、わたしには分からないし、見当もつかない」（傍点筆者）と言ったのです。そして二度目も打ち消し、三度目にはペトロは呪いの言葉さえ口にしながら、「あなたがたの言っているそんな人は知らない」（傍点著者）と誓い始めたのです。すると鶏が再び鳴いたのです。

ペトロは身の危険を逃れるために、心底イエスを拒否し、否定したのです。

神を知らないと言う、神から離れる、信仰を失う、それはただ少し自分の弱さが現れるなどということでなく、徹底的に自分を神から遠ざける行為なのであり、神を否定することなのではないでしょうか。

マザー・テレサの「かけがえのない者」という文章があります。

　苦悩の中にあるとき、孤独なとき、問題を抱えているとき、このことを思い出すと励まされます。忘れないでください、あなたは神の手の中にいるということを。そして、あなたが苦悩の中でもっとも苦しんでいるまさにそのとき、神のまなざしがあなたに注がれているということを。あなたは、神にとってかけがえのない者だということを。

神から離れる、神を拒否するということは、この神の手とまなざしを拒否し、かけがえのない者として愛されているという恵みの事実を否定するということなのです。

(2) 人々に紛れ込んで

ニネベ行きを拒否して逃げ出したヨナは、タルシシュ行きの船に乗り込みました。聖書はこう記しています。

> ヨナは主から逃れようとして出発し、タルシシュに向かった。ヤッファに下ると、折よくタルシシュ行きの船が見つかったので、船賃を払って乗り込み、人々に紛れ込んで主から逃れようと、タルシシュに向かった。
>
> （ヨナ一・三、傍点著者）

この句は、イエスの裁判に立ち会ったペトロの姿を想起させます。

> 人々はイエスを捕らえ、引いて行き、大祭司の家に連れて入った。ペトロは遠く離れて従った。人々が屋敷の中庭の中央に火をたいて、一緒に座っていたので、ペトロも中に混じって腰を下ろした。
>
> （ルカ二二・五四―五五）

「遠く離れて」は自分がイエスの弟子であると疑われない距離であり、いざという時、逃げ出せる距離でした。いつでも逃げられる距離を保って遠くからついて行ったのです。

「人々に紛れ込んで」逃げ出したヨナ、「中に混じって腰を下ろした」ペトロ――ヨナと同じようにペトロは人々の中に紛れ込み、目立たないようにして、イエスの裁判の成り行きを見ようとしたのです。

誰も来ないところに一人隠れるのでなく、人々の中に混ざって隠れようとしたのです。大勢の人々の中に紛れ込んで身を隠すのが、最も安全な道であった。ヨナは主の命とは逆に逃げ出した。神の前に一人で立てない身は、人々の間に紛れ込ませて逃げようとしたのです。

我と汝の世界、一対一の世界からの逃避、そこに罪に堕ちた人間の姿を見ることができるのではないでしょうか。

ボンヘッファーの作品の中で最もよく読まれたものの一つは『共に生きる生活』という小さな書物であり、よく読書会のテキストとして戦後の教会で読まれました。彼はこの書で「共にいる日」「ひとりでいる日」をテーマにして、こう述べています。

ただ交わりの中にいる時にのみ、わたしたちはひとりであることができるし、ただひとりである者のみが、交わりの中で生きることができる……。

ひとりでいることのできない者は、交わり〔にはいること〕を用心しなさい。交わりの中にいない者は、ひとりでいることを用心しなさい。

厳しい言葉です。しかし、現代社会のように人が溢れ、情報が溢れ、物が溢れている時代と場所において、わたしたちが改めて心に聞かねばならないことではないでしょうか。

(3) 捕らえられたヨナ

神の命にそむいて反対方向へ、主の力の及ばない遠い地へ逃げ出したヨナでしたが、彼はその目指す地へ到着することはできませんでした。海が荒れ、彼は神の怒りを買った者として海に投げ込まれ、巨大な魚に飲み込まれたのでした。

興味深いストーリーとして読みがちですが、注意して聖書を読むと、一つのことに気づかされます。

主は大風を海に向かって放たれたので、海は大荒れとなり、船は今にも砕けんばかりとなった。（ヨナ一・四）

乗組員は船を漕いで陸に戻そうとしたが、できなかった。海がますます荒れて、襲いかかってきたからである。ついに、彼らは主に向かって叫んだ。「ああ、主よ、この男の命のゆえに、滅ぼさないでください。無実の者を殺したといって責めないでください。主よ、すべてはあなたの御心のままなのですから」。（同一・一三―一四）
さて、主は巨大な魚に命じて、ヨナを呑み込ませられた。ヨナは三日三晩魚の腹の中にいた。（同二・一）

この一連の出来事の主人公は誰でしょうか。主、神です。船員でも船長でも、ヨナでもなく、すべてをみ心のままに動かしておられるのは、主、神であることを、わたしたちは見落としてはならないのです。

運よく投げ込まれた海の中に、巨大な魚がいたのではないのです。そこには主の意志があり、ヨナは助けられたのです。大風は海を大荒れにしました。そこにも神の意志があり、神の行為があったのでした。

ヨナは三日三晩を巨大な魚の中で過ごすことを通して、神を見上げる者となり、祈る者となります。

苦難の中で、わたしが叫ぶと
　主は答えてくださった。
陰府の底から、助けを求めると

わたしの声を聞いてくださった。……
わたしは思った
あなたの御前から追放されたのだと。……
しかし、……あなたは命を
滅びの穴から引き上げてくださった。……
救いは、主にこそある。

（ヨナ二・三―一〇）

これがヨナの到達した信仰でした。そして主に命じられると、魚はヨナを陸地に吐き出し、ヨナは助けられたのでした。ヨナを海に投げ込ませたのも、ヨナを魚に呑み込ませたのも、ヨナを生きて帰らせてくださったのも、それはすべて主の命によったのであり、そこには主の意志があったのです。

(4) ニネベに向かったヨナ

主の言葉が再びヨナに臨んだ。「さあ、大いなる都ニネベに行って、わたしがお前に語る言葉を告げよ」。
ヨナは主の命令どおり、直ちにニネベに行った。

（ヨナ三・一）

これを一章一節と比較してみましょう。

主の言葉がアミタイの子ヨナに臨んだ。「さあ、大いなる都ニネベに行ってこれに呼びかけよ。彼らの悪はわたしの前に届いている」。（ヨナ一・一）

一章一節と三章一節には同じことが述べられ、違いは三章一節には「再び」という語が加えられていることだと考える場合が多いのですが、しかし、注意して見ると、そこには大きな違いがあります。

まず、一章一節の「呼びかけよ」が、三章一節では「わたしがお前に語る言葉を告げよ」となっており、次に、一章三節でヨナは「タルシシュに向かった」が、三章三節では「直ちにニネベに行った」となっています。

いわば、一章で語られたことは三章で語られることとかなり違っているのです。この間の変化はどこから来たのでしょうか。

最初にヨナの心を支配したことは、大いなる都ニネベに行って語ることなどできない、反対を受け、自分の身がどうなるか分からないという「恐怖」でした。そして、ここでの主人公は「わたし」「ヨナ自身」でした。しかし、二度目の召しでは、わたしの語る言葉は主が与えてくださる。「心配はいらない」、そこで主が働いてくださる。わたしは主の語られる言葉を人々に告げ、伝える者にすぎない。ヨナはそう信じたのでした。

「わたし」が主であった時、そこには怖れしかありませんでした。だからヨナは逃げました。しかし、主が主として働かれる時、怖れは消え、ヨナは直ちに主に従ったのです。

そこには荒れる海に投げ込まれた時、本来なら死ぬべき自分を助けてくださった主、神がいたのです。助けを求めると、その声を主は聞いてくださった。わたしの命を滅びの穴から引き上げてくださった。わたしの祈りはあなたに届いた。救いは主にこそある――。

ヨナ自身における信仰の転換がありました。古い人が死んで、新しい方向に人が生きる。まさに十字架と復活の出来事が、ここに明らかにされていることをわたしたちは見落としてはなりません。一度は逃げたヨナが、主の言葉を伝える者として立っているのです。

ペトロや弟子たちの姿、そしてわたしたち自身の姿がここにあると思います。

(5)ニネベのヨナ

ニネベは一回りするのに三日かかるほど大きな町でした。ヨナが怖れたのも自然でした。そこでヨナは語り始めます。

するとヨナの思いに反し、ニネベの人々は耳を傾け、悔い改めたのでした。ここでも神が働かれたのです。そして神はその姿を見て、思い直し、この町を滅ぼすことをやめられました。

四章一節から四節は次のように語ります。「ヨナにとって、このことは大いに不満であり、彼は怒った」。彼は訴えました。「わたしには、こうなることが分かっていたから、タルシシュに向かって逃げたのです。あなたは憐れみ深く、災いをくだすことを思い直される方です。主よ、わたしの生命を取ってください。わたしは生きているよりも死ぬ方がましです」と。このヨナの発言をどう思われますか。

主はヨナに、「お前の怒りは正しいことか」と問いかけられました。

ヨナの目は、ニネベの人々が悔い改めて神によってゆるされたことではなく、自分の預言が実現せず、自分の語ったことは誤りであったということにのみ、向けられています。ニネベの人々が救われたことを喜ぶことをせず、自分の預言が実現しなかったことにのみ、彼の思いは向き、怒りへと向いたのです。

わたしたちはこの物語を第三者として冷静に見ています。そして、ヨナの誤り、間違いがよく分かります。しかし、わたしたちも、同じような場面に立たされると、しばしばヨナと同じことを思い、行う者ではないでしょうか。人の喜びを共有することは、人の悲しみや苦しみを共有することよりも、はるかに難しいのです。

芥川龍之介は『鼻』という短編小説を書き、鼻の長いことを苦にしていた僧が、短くなって喜んだが、人々の冷たい視線を感じていた。そして風邪をひいた夜、鼻が元に戻り長くなった時、かえってほっとした思いになった、と書きました。そして芥川は、人は誰でも他人の不幸を喜びはしない。しかし、人が苦しみを抜け出すと、何か物足りなく思ったり、もう一度不幸に落としてやりたいといった思いを抱くものだ、ということを書いています。

ヨナはふてくされてニネベを出て、東の方に座り込んで都で何が起こるかを見届けようとします。

暑さにまいりそうなヨナのために、神がとうごまの木で陰を作ってくれたのでヨナは喜びますが、翌日にとうごまは枯れ、暑さの中でヨナは「死ぬ方がましです」と言います。それに対し主は言われました。「お前は、自分で労することも育てることもなく、一夜にして生じ、一夜にして滅びたこのとうごまの木さえ惜しんでいる。それならば、どうしてわたしが、この大いなる都ニネベを惜しまずにいられるだろうか。そこには、十二万人以上の右も左もわきまえぬ人間と、無数の家畜がいるのだから」（ヨナ四・一〇―一一）。

こうしてヨナ書は閉じられています。

結論・ヨナ書の問い

ヨナ書はユダヤ教の排他主義に対する批判でもあります。慈愛と寛容の精神をイスラエルの民に教え、説いたところに、その特色を見ることができます。

そこには第二イザヤ（イザヤ書四〇―五五章の「慰めの書」と呼ばれる中心的部分）の影響を受けながら、世界宣教の使命が述べられていると言えます。イスラエルの預言者は捕囚の苦難を通して、世界史的な使命を自覚するようになったと言われています。狭い民族意識を超えて「異邦人の光」として、世界宣教の使命に強く生きることを強調した書として大切な意味を持つと共に、現代的な意味を持っていると言えるでしょう。初代のキリスト者はヨナの物語の中に、主イエス・キリストの復活の預言を読み取ったとも考えられます（ルカ一一・二九—三二参照）。

多くの預言者がアッシリアに審判が下ることを告げた中で、ヨナはアッシリアに異なる光を当て、人々が悔い改めて主に帰る時、神はすべての人々に広く憐れみをかけ、救われる方であることを明確にした預言者として注目されるでしょう。

民族主義、排他主義が各地に見られ、ＩＳ（イスラム国）のテロが広がる現代社会です。今年の二月一八日に行われた、アメリカ大統領候補のトランプ氏とローマ教皇の「舌戦」を思い起こします。トランプ氏の移民を防ぐために壁を作れという主張に対し、教皇は壁でなく橋を架けるべきだと応じたのでした。現代の世界は平和協調の路線から自国の安全、防衛のための国家主義へと流れが変わって行く恐れを感じます。複雑な問題だと思います。そうした今、ヨナ書は改めて注目されるべきものを持っていると思います。わたしたちはどこに希望を求めるのでしょうか。

（二〇一六年七月六日）

すべてのことに時がある

コヘレトの言葉三章一―一一節

はじめに

また皆さんとお会いすることができ、大変うれしく思います。久しぶりの思いが深いのは、この間にいろいろなことがあったからだと思います。この夏の特色は何かと問われれば、わたしは二つをあげます。まず、異常な暑さが異常に長かったということ。そして、さまざまな出来事や事件が相次いだということ。「悲喜こもごも」という言葉があります。悲しみと喜びが、入れ代わり立ち代わり現れるということでしょうが、まさにそのような時を過ごしたと思います。

新しい年度になり、総合テーマが「聖書に聴く『人生の苦難と希望』」に変わったのですが、五月と七月は旧約聖書をテキストにしました。予想以上に反応があり、旧約聖書への関心が高まっているように思えますので、今回も旧約聖書をテキストにして「すべてのことに時がある」というテーマで、コヘレトの言葉を中心にしばらくご一緒に考えてみたいと思います。

先程「さまざまな出来事や事件」と申しましたが、この中には特に、次のものがあります。

①七月二六日早朝に起きた、相模原市の障碍者（牧ノ原やまばと学園の長沢道子理事長は「障

害」ではなく「障碍」の字を使っておられます）施設「津久井やまゆり園」における一九人の殺害、二六人を負傷させたという事件は、「人間とは何か」「人はなぜ生きるのか」という根源的問いを、わたしたちに投げかけている深刻な事件でした。

②五月二七日、オバマ氏が現職のアメリカ大統領として初めて広島を訪れ、それを受けた今年の広島・長崎の平和宣言はそのことに触れて、今までより深められた平和宣言が語られたことも忘れてはならない出来事でした。

③日本時間の八月六日、第三一回オリンピック・リオデジャネイロ大会、九月八日、第一五回パラリンピック・リオデジャネイロ大会が開かれました。

④東京都のさまざまな問題もありました。

⑤最近（九月）、横浜市の大口病院で点滴への異物混入による殺人事件がありました。

どれも大切な問題を含んでいますから、取り上げたいというか、取り上げねばならない課題だと思いますが、今日のテーマとの関わりから、リオオリンピックのことから話を始めさせていただきます。

開催そのものが心配されるような状況で迎えたブラジルでのオリンピックでしたが、無事に、そして見事に世界の人々に訴える力のあったオリンピックだったと思います。特にわたしは何よりも開会式が印象的でした。明確な訴えるメッセージを持っていた、理念のある大会であったと思ったからです。

リオオリンピックの開会式で最も心に残ったのは、歴史上初めて登場した難民選手団でした。白地に五輪マークの小さな旗を掲げて登場したのは一〇人の選手たちでした。最後に登場するブラジル大選手団の前に、一〇人の難民選手団が温かく取りまかれるように入場して来た時、会場は歓迎の歌声に包まれ総立ちになりました。出場選手全員が木の種をまいて、オリンピックの跡地に森林公園を作り、自然保存を目指すという理念も立派でした。

パラリンピックの開会式では難民選手団が最初に登場しました。国名を記した標識は、ジグソーパズルのピースで、裏には選手たちの写真があり、完成したジグソーパズルは全選手の輝いた顔が、心臓の形を作り出し、生きとし生けるものの生命の尊さを訴えました。

日本選手団は史上最多の四一個のメダルを獲得して健闘しました。多くの人々に深い感動を与え、希望を与えたオリンピックだったと思います。

時の持つ意味

リオオリンピックが想像以上に盛り上がったため、巻き添えを食ったのは、甲子園の高校野球だったかもしれません。特に注目されなかったような気がします。今年の優勝校をご存知ですか。栃木県の作新学院でした。関西にいた時には、可能な限り甲子園に足を運びましたから、今年は気の毒な気がしました。

オリンピックのあと友人と話していた時、彼がこんなことを言ったのです。

「金メダルはもちろんアスリートの最大の目標でもあるから、そのために血のにじむような努力をするのだから、取ったときの喜びは大きい。銅メダルは準決勝で敗れて決勝戦に出られなくなった選手が、それでもメダルを取りたいと激突する三位決定戦に勝って手にするものだから、喜びもひとしおなものがある。銀メダルはそれに対して敗れて、負けて手にするメダル。それは金を逃して仕方なく手にする悲哀のようなものがある」。

これにはなるほどと驚きました。勝ってもらったメダルと負けてもらったメダル、このコントラストには、気づいていなかったと感心したのです。平叙なわたしは一等は金、二等は銀、三等は銅と考えていましたが、新しい意見でした。

しかし、今年の日本選手の活躍の中では、「銀メダル」が非常な注目を浴びたと言えるかもしれません。第一は言うまでもなく、吉田沙保里の銀メダルでした。四連覇がかかり、誰もが勝つことを信じ期待していた決勝戦で敗れ、個人戦の連勝は二〇六で止まりました。マットに倒れ込んで起き上がれなかった吉田選手の姿に涙した人は多かったと思います。「最後に銀で終わるなんて」という言葉は、心に突き刺さりました。しかし、今回のオリンピックチームのキャプテンとして閉会式まで残り、明るい表情で入場して来た姿は美しかったと思います。

第二の理由も言うまでもなくと言うべきでしょうか、男子四〇〇メートルリレーでした。山縣・飯塚・桐生・ケンブリッジの四人の走りは、繰り返し繰り返しテレビに映し出されました。

日本が陸上の走りでオリンピックメダルを取ることは夢のまた夢でした。しかし、彼らは世界第二位で走り抜け、瞬間時にはアンカーのケンブリッジ飛鳥はウサイン・ボルトと肩を並べたのですから、大ニュースでした。一〇〇メートルで一〇秒を切るか否かは長く陸上の課題でした。今は一〇秒を切った選手は世界には多くいます。しかし、日本ではまだ誰も一〇秒を切っていないのです。その四人がバトンをつないで三七秒六〇、これは常識ではあり得ないことです。わたしはどうしてそんなことができるのか、まだ分からない気持ちがあります。銀メダルが金メダル以上に話題になり、人々の心を打ったのは、リオオリンピックの大きな出来事でした。

この出来事の中で、わたしはこの三月にあった一つの出来事を思い出していました。この講座では初めて話すと思いますが、三月の出来事ですから他の講座ですでにお話ししたのをお聞きになった方もあるかもしれませんが、その方はしばらくご辛抱ください。

今年の三月一〇日頃でしたが、わたしは大好きな東京メトロ銀座線に乗りました。日本最古の地下鉄ですから、銀座線は車両も小さく長さも短く、今は昔に戻って黄色い車体がとても可愛いので大好きです。その中の吊り公告が、黄色の横長のもので占領されていたのです。

そしてその広告には五つの数字が黒く描かれていたのです。「5：23. 45」「4：12. 38」「6：21. 13」といった具合です。黄色い電車、黄色の横長の広告、五つの数字だけ、一瞬、それは異様なものとして目に映りわたしは驚きました。この五つの数字が何を意味するかお分かりですか。時、分、秒です。二月二八日に東京マラソンがありましたが、その時の参加者の記録がこの広告になっていたのです。今日本で最も人気のあるマラソンで、銀座通り、浅草の雷門前なども走るので、今年は三万七〇〇〇人が走りましたが、応募者は一〇万人を超えたそうです。

わたしは近づいてその広告を調べて、五つの数字の他に右すみに小さく文字が書かれているのに気づきました。「練習は嘘をつかない」というのがありました。一生懸命練習して良いタイムで走った人でしょう。「I shall return　また戻って来るぞ」と書いた人は、来年はリベンジするぞと言いたかったのでしょう。

さらに注意して見ると左のすみにも小さく二行の文字がありました。「ただの時間じゃない」。「5：23. 45」は五時間二三分四五秒かけて完走したという記録ですが、その裏で練習し、苦しみに耐えがんばったという時間ですから、「ただの時間」ではなく、本人にとっては意味ある時間なのです。

そしてわたしがもっと感心したのは、「ただの時間じゃない」の英訳が、"Time is what I am"となっていたことです。直訳すれば「この時間はわたし自身である」となるでしょうか。この時間はわたしを表しているというのです。わたしたちは時を生きています。そして、時はわたしたち自身を作り出しているのです。

コヘレトの言葉

冒頭に今回も旧約聖書を学びたいと申しましたが、今日のわたしたちのテキストはコヘレトの言葉三章一―一一節です。

この書は文語訳聖書でも口語訳聖書でも「伝道の書」と呼ばれていました。新共同訳聖書になって、最も違和感を感じられたのが、この書名の変更であったかもしれません。

本書の一二章一節は以前の訳では、

汝の少《わか》き日に汝の造主《つくりぬし》を記《おぼ》えよ（文語訳）

でしたから、この句はよく使われました。キリスト教学校で中高を過ごしたわたしなど、何回この言葉を聞かされたか分かりません。

新共同訳では「コヘレトの言葉」と書名が変えられた上に、この句の訳も「青春の日々にこそ、お前の創造主に心を留めよ」と変えられて、がっかりした記憶があります。

新共同訳聖書による注解書が出た時に、「本書はヘブライ語原典では、〈コヘレトの言葉〉の一句で書き始められている。新共同訳はこれを書名とした」と記されていました。

「コヘレト」は著者の名前として、一章一、一二節のほか、一章一二節、七章二七節、一二章八、九、一〇節にも登場しています。

「コヘレト」というヘブライ語は「集まる」「集会を開く」を意味する動詞や「集会」「会衆」を意味する名詞「カーハール」と同一の語源から派生した語であり、ギリシア語訳では「エクレーシアステース」となっていたので、「集会で語る者」と訳し得ることから「説教者」「伝道者」という解釈が生まれて、「伝道の書」という表題になったと言われています。

一章一節は「エルサレムの王、ダビデの子、コヘレトの言葉」となっており、これはソロモンのことを想起させますが、コヘレトが王であるとするのは明らかに「文学的虚構」であり、著者が王であることを推測させる内容はなく、むしろ雇主に支配されている無力な人間であり、知恵ある教師であったと考える方が妥当だと思われます。

プランプトリ（Plumptre, E. H.）という人は「コヘレトの言葉」の著者はこんな人であったと論じています。著者は若い時から旧約聖書を教え込まれて成長したパレスチナ育ちの一青年であった。彼は若い日に当時の有名な学問の都アレクサンドリアに赴いた。彼はそこでギリシアの科学と哲学を学び、人生における種々の生活を体得した。そして彼は学んだ教訓を最初に書きとめた。それは懐疑と厭世の調子に満ちていた。彼は人の求める一切の幸福（快楽、富、権力）を試みた。しかし、その物質的世界の中にも、知的探究の中にも満足を得なかった。そこで彼は神に対するイスラエル的信仰を再確認することによって、再び出発点に帰った（コヘレト一二・一三―一四）。

この書はこのようにして、神中心のイスラエル的敬虔とヘレニズムの人間中心的文化との出会いの場となっているのです。

この講座で、わたしはしばしばカトリック教会が五五年の歳月をかけて翻訳し、二〇一一年の八月に出版した『フランシスコ会訳聖書』のことに触れてきましたが、このフランシスコ会訳聖書は「コヘレト解説」の中で、この書について次のように述べています。

本書は知恵文学中、箴言的性格以上の深遠な、哲学的、教訓的性格を有しており、かつ普遍的、不朽の価値を有し、聖書中はもちろん、諸文学中の傑作の一つということができる。

と非常に高い評価を与えています。

しかし伝統的には、本書の基調になっている悲観的な厭世的傾向、たとえば、「すべては空しい」「短く空しい人生の日々」「人が労苦してみたところで何になろう」「人間にとって最も幸福なのは、喜び楽しんで一生を送ることだ」といった言葉に対しては異端的であるといった批判も加えられてきました。

しかし、本書は神の存在を否定しているのではなく、最後は神の導きを信じ、その信仰によって行動しようとしています。三章は、

何事にも時があり
天の下の出来事にはすべて定められた時がある。（コヘレト三・一）

で始まり、一一節では、

神はすべてを時宜にかなうように造り、また、永遠を思う心を人に与えられる。それでもなお、神のなさる業を始めから終りまで見極めることは許されていない。（同三・一一）

と結ばれています。口語訳聖書が、「神のなされることは皆その時にかなって美しい。神はまた人の心に永遠を思う思いを授けられた」と訳したのは有名です。

時を知ること

人間には本能的に、これから起きる先のことをあらかじめ知りたいという気持ちがあります。時を知りたい。未来を知りたいと考えます。誰の心の中にも将来への期待と不安があるのだと思います。占い師に頼ってでも、先のこと、特に自分がどうなるかを探そうとします。しかし反面、先のことを知りたくないという気持ちも同時にあり、心の中で交錯しているのかもしれません。

何もかも行末の事みゆるごとき
このかなしみは拭いあへずも

とうたった石川啄木のことを思い起こされる方もおられるかもしれません。
マルコによる福音書一三章は「小黙示録」と呼ばれ、エルサレムの神殿の崩壊を予告したり、世の終わりについてのさまざまなしるしについて語っているのですが、その最後に、締めくくりの形で、門番のたとえを記しています（マルコ一三・三三―三七）。ある家の主人が旅に出ることになり、僕たちには仕事の責任を割り当て、門番には目を覚ましていなさいと命じて旅に出たというのです。

門番に「目を覚ましていなさい」と命じられたのは、旅に出た主人がいつ帰って来るか分からないからでした。突然帰って来た主人に眠っているところを見つけられることのないように、「いつも目を覚ましていなさい」と命じられたのでした。

マルコ福音書は、人間はその日、その時をあらかじめ知ることはできない。「天使たちも子も知らない。父だけがご存じである」、と言います。時を知り、時を支配しているのは天の父である。すなわち、時を知り、時を支配しているのは天の父であるのだから、あなたがたは気をつけ、目を覚ましていなさいと言われたのです。時を知ることのできない人間に向かって、イエスは「気をつけて、目を覚ましていなさい」と勧め、与えられた時を大切に生きなさいと命じられたのです。

この小黙示録と言われるマルコ福音書一三章で、「気をつけて」という言葉は四回、「目を覚ましていなさい」は三回繰り返されています。ですから、これは強い命令だと言えます。時に気をつけることをおこたるな！　と強く勧められるのです。

マルコ福音書は一六章から成る福音書であり、他の福音書より短いですから、一三章というのは終わりに近く、イエスの死の時を前にして、このたとえが語られているということになります。終わりの時、死の時が近づいているから、目を覚ましていなさいと、主は命じられたのです。

聖書は、終わりの日をただ審きの行われる日として恐れ、悲しむのではなく、むしろ主のみ旨が行われる喜びの日として受けとめることを勧めています。パウロがテサロニケの教会に向けて、終わりの日が近いのだから、もう何をしても空しいと考えるのではなく、主の再臨の時が近いと知ったら、いよいよ励んで自分の日常生活を大切にしなさいと勧めたことはよく知られています。ですから、「目を覚ましていなさい」という勧めは、眠い目をこすりながら睡魔と戦って起きていなさいといったようなことではなく、終わりの時が近づいていることを、しっかりと受けとめ、そして今生かされているこの時を、心を込めて生きなさいという勧めなのです。言葉を変えれば、いつ主の再臨があっても終末が来ても、うろたえることのないよう備えなさいと命じられたのです。

パウロがローマの信徒への手紙一三章一一節以下で「救いは近づいている」として語った言葉は特に有名です。アウグスティヌスの回心をよび起こした聖句とも言われています。

更に、あなたがたは今がどんな時であるかを知っています。あなたがたが眠りから覚めるべき時が既に来ています。今や、わたしたちが信仰に入ったころよりも、救いは近づいているからです。夜は更け、日は近づいた。だから闇の行いを脱ぎ捨てて光の武具を身に着けましょう。日中を歩むように、品位をもって歩もうではありませんか。

(ローマ一三・一一―一三)

希望する終末

わたしたちは皆死すべき存在ですから、わたしたちの歩みは死に向かっての歩みであることは否定できません。「門松は冥途の旅の一里塚　めでたくもありめでたくもなし」と歌った僧がいます。「めでたくもありめでたくもなし」とは、人生の機微に触れる名言だと思います。死に向かっての旅が人生だ、と言われると、それでは人生に希望はないのかとふさぎ込む人もいるかもしれません。

仏教では「四苦」という言葉に、生《しょう》・老《ろう》・病《びょう》・死《し》は人間の逃れることのできない四つの苦しみだと言います。キリスト教でも詩編に、

人生の年月《としつき》は七十年程のものです。
健やかな人が八十年を数えても
得るところは労苦と災いにすぎません。

瞬く間に時は過ぎ、わたしたちは飛び去ります。
（詩編九〇・一〇）

という言葉が出て来ます。

しかし聖書は、そのわたしたちに決して滅びることのないものを指し示し、すべての時は主の支配の中にあることを宣言するのです。あえて言えば、わたしたちの肉体は衰え終わりを迎えるとしても、そのことはわたしたちを絶望へと導くのではなく、希望のある終わりへと導いてくれると言うのです。

このように、わたしたちは信仰によって義とされたのだから、わたしたちの主イエス・キリストによって神との間に平和を得ており、……神の栄光にあずかる希望を誇りにしています。

そればかりでなく、苦難をも誇りとします。わたしたちは知っているのです、苦難は忍耐を、忍耐は練達を、練達は希望を生むということを。希望はわたしたちを欺くことがありません。
（ローマ五・一―五）

時と神

コヘレトの言葉に話を戻します。今日のテキストである三章一―一一節は時の格言集と言えるかもしれません。

何事にも時があり
天の下の出来事にはすべて定められた時がある。
（コヘレト三・一）

天の下のすべてのものには、その時期があり、すべての営みにはその時がある。
（同、フランシスコ会訳）

この冒頭の一節には「時」を表す二つの語があります。新共同訳はいずれも「時」としていますが、フランシスコ会訳は「時期」と「時」と訳しています。

時期と訳された初めの原語は「ゼマン」であり、アラム語で旧約聖書の中ではエズラ記、ネヘミヤ記、エステル記、ダニエル書といった、いわば後期の文書だけに十数回出て来ます。コヘレトの言葉ではここだけで使われています。そしてこの語は「定められた時」あるいは「一定の期間」を意味する言葉でした。たとえば、

「旅にはどれほどの時を要するのか」。
（ネヘミヤ二・六）

毎年この両日を記載されているとおり、またその日付のとおりに、怠りなく祝うことを制定し、ならわしとした。
（エステル九・二七）

とあり、「旅の期間」「定められた時」、あるいは「しばらくの時」(ダニエル二・一六)、「季節」(同二・二一)、「神の定めた時」(同七・一二、二二、二五)を意味していました。

それに対し二番目の「時」は「エート」という語で、これは「ゼマン」よりは一般的な語で旧約聖書にはよく出て来ます。

たとえば、

「『我々の主なる神を畏れ敬おう
雨を与える方、時に応じて
秋の雨、春の雨を与え
刈り入れのために
定められた週の祭りを守られる方を』と」。
(エレミヤ五・二四)

空を飛ぶこうのとりもその季節を知っている。
山鳩もつばめも鶴も、渡るときを守る。
(同八・七)

これらはいずれも自然の時、神の創造の世界において定められた時を指しています。天体の運行から、動植物の繁殖、生育、移動、その生と死、これらすべての現象を支配する自然の法則の背後には、神の定めがあるというのです。

「時」というのは、その神の定めが具体的に現れる機会、節目であると言えます。そしてその時は、人間が変えることのできないものであり、旧約の「時」は計量的、外在的な時間ではなく、質的、内在的な時間であると言えます。ですから、それは「流れる時」に対し「満ちる時」であるということができます。

そしてコヘレトの言葉は三章二節以下に、生と死といった反対語と対になった二八の「時」を二節から八節で列挙しますが、ここに用いられている「時」の原語はすべて一節の二番目の「時」、「エート」が用いられています。

生まれると死ぬ、植えると抜く（二節）
殺すといやす、破壊と建設（三節）
泣くと笑う、嘆くと踊る（四節）
石を放つと石を集める、抱擁と抱擁を遠ざける（五節）
求めると失う、保つと放つ（六節）
裂くと縫う、黙すと語る（七節）
愛すると憎む、戦いと平和（八節）

一つ一つの項目について解説をする時間はありませんが、最初の「生まれる時、死ぬ時」からすべての「時」を通じて、「天の下の出来事にはすべて定められた時がある」のだということを語っていると言えます。

最後の一節は、美しい聖句であり、多くの人に愛誦されてきましたが、いろいろ問題を含む聖句でもあります。

神の為したまふところは皆その時に適ひて美麗《うるは》しかり　神はまた人の心に永遠をおもふの思念《おもひ》を賦《さづ》けたまへり　然《され》ば人は神のなしたまふ作為《わざ》を始より終まで知明《しりあきら》むることを得ざるなり

（傳道［コヘレト］三・一一、文語訳）

神のなされることは皆その時にかなって美しい。神はまた人の心に永遠を思う思いを授けられた。それでもなお、人は神のなされるわざを初めから終りまで見きわめることはできない。

（同、口語訳）

神はすべてを時宜にかなうように造り、また、永遠を思う心を人に与えられる。それでもなお、神のなさる業を始めから終りまで見極めることは許されていない。

（同、新共同訳）

神はすべてのものを、その時にかなったものとして美しく造られた。また、人の心に、永遠への思いを授けられた。しかし、人は神の業を、その初めから終わりまで見極めることはできない。

（同、フランシスコ会訳）

文語訳の見事な訳、それを踏襲した口語訳は実に美しい訳であり、愛誦聖句としている方も多く、説教題などにもよく用いられてきました。

翻訳はそこに思いや解釈が入り込むことは避けられません。しかし、原文に忠実に訳すとすれば、そこには「訳し過ぎ」というか「思いが込められ過ぎ」ていることを否定できないのです。

原語を直訳すると、「神は万物をその時にふさわしく造った」というのが正しく、新しい訳はそのように訳していると言えるでしょう。前段の格言集をしめくくるのにふさわしい結びは「神はすべてのものを、それぞれの時にふさわしく造った」ということであり、それに続く「神はまた人の心に永遠を思う思いを授けられた」も原文には、「人の」と「思う思い」はありません。直訳すれば、「神はまた彼らの心に、永遠を与えた」となります。

「永遠」という語は、旧約聖書の次のような箇所に用いられています。

洪水のあと、ノアとの間に永遠の契約を立てた（創世九・一六）。

アブラハムとその子孫に対する神の永遠の契約（創世一七・七、八）。

アブラハムがベエル・シェバでその名を呼んだ永遠の神（創世二一・三三）。

預言者では、イザヤ、エレミヤ、エゼキエルなどにも出て来ます。

旧約における「永遠」は時間を超えた、あるいは時間に対立する概念ではなく、時間あるいは時代の膨大な積み重ねを意味すると言われています。「世々限りなく」という対句が示している

ように、過去から未来にいたるすべての時代を包括する時の集積を指していると考えられます。コヘレトの言葉では

一代過ぎればまた一代が起こり
永遠に耐えるのは大地。（コヘレト一・四）
わたしは知った
すべて神の業は永遠に不変であり
付け加えることも除くことも許されない、と。
神は人間が神を畏れ敬うように定められた。（同三・一四）
人は永遠の家へ去り、泣き手は町を巡る。（同一二・五）

といった言葉が出て来ますが、これらはみな、不変ということを意味していると考えられます。「永遠」という語は単独では用いられず、前置詞と共に副詞的に用いられています。また形容詞として用いられています。

まとめて言えば、天が下のすべての事に、定められた時があり、神はすべての事物をそれぞれの時にふさわしく造られた。しかし、人間はその時をすべて知り尽くすことは許されていないというのです。

二つの時を生きる

星野富弘という人がいます。中学校の体育の教師としてクラブ活動を指導中に頚髄損傷により手足の自由を失い、口に筆をくわえて詩と花の絵を描き、人々の心を打つ、詩画集を出しておられますが、『速さのちがう時計』という詩画集を出しておられます。こんな文を書いておられます。

血液型が違うように、人はそれぞれ、速さのちがう時計を持っているような気がする。……私の時計は、少しゆっくり動いているのだと思う。そういうカタツムリみたいな時間感覚を持っている者が、一年に一度しか咲かない花などを相手に、静かな山間の村に住んでいるのだから、時計は遅れるいっぽうである。

しかし、神様はこういう者にも、それにふさわしく、月に一度の月刊誌などに、詩画を描く仕事を与えて下さっている。

他の人とは違う速さの時計を神がわたしに与えてくださっている、という星野さんの信仰と生活に心を打たれます。

わたしは一昨年一〇月一六日の日曜日、日本キリスト教会西宮中央教会の特別伝道礼拝に招かれ、兵庫県西宮市に行きました。礼拝説教と午後のキリスト教講演をさせていただきました。五一年に及ぶわたしの関西学院の生活の中で、西宮北口はなつかしい町でした。

久しぶりに北口の駅に降り立ち、教会までの道を歩きながら、わたしは阪神淡路大震災の時、宝塚線が不通になったために、わたしの住んでいた宝塚花屋敷から大阪の十三をまわり、西宮北口まで行き、そこから崩壊した町の中を歩いて通り抜けて小高い丘の上にある関西学院に通った日々を思い出しました。集会には教え子、同僚、友人などが集まってくれ再会を楽しみました。

東京に来て十数年が経ちました。時が流れました。かつての仲間はもうすべて定年退職してほとんど残っていません。しかし、なつかしい人たちがわたしの来ることを知って、大津からも集まって来てくれました。結婚式の司式をした卒業生がその時の写真を持って来てくれました。時は戻って来ているという思いがしました。時は皆に老いを加えました。しかし、会って話していると若い時の変わらない交流と仲間がそこにいました。

星野さんは「速さのちがう時計」と表現しましたが、わたしは、わたしたちの人生には二つの時が流れているという思いがします。追われるように過ぎていく時間があります。しかし、わたしたちは神につながる時と同時に生きています。時間がない、時間が足りないと嘆くこの世の生と共に、神に生かされて生きる永遠につらなる生がわたしたちにはあるのだと思います。預言者イザヤはこう語っています。

わたしに聞け、ヤコブの家よ、
イスラエルの家の残りの者よ、共に。
あなたたちは生まれた時から負われ
胎を出た時から担われてきた。
同じように、わたしはあなたたちの老いる日まで
白髪になるまで、背負って行こう。
わたしはあなたたちを造った。
わたしが担い、背負い、救い出す。

（イザヤ四六・三―四）

これがわたしたちの生、信仰によって生きるわたしたちの生です。わたしたちの生の始まりの時も終わりの時も主によって担われ、主が共にいて、導きたもう生です。そのことを信じ、そこに希望と力を見出して、わたしたちは主に従い歩む歩みを共にしたいものです。

（二〇一六年一〇月一八日）

主は与え、主は奪う

ヨブ記一章二〇―二二節

はじめに

二〇一七年を迎えました。すでに多くの事件が起きていますが、激動の年という予感がいたします。今日はトランプ氏のアメリカ大統領就任式が行われます。開かれた世界か、それとも閉ざされた世界へ移行するのか、国際関係、政治、経済、文化あらゆる領域が揺れ動いています。改めて人間とは何か、人間は如何に生きるのかが問われる時ですが、この年もご一緒に聖書に聴きつつ、一人ひとりの歩みを大切にしたいものだと思います。

「苦難と希望」を三期目のテーマに掲げ、昨年はアモス書、ヨナ書、コヘレトの言葉から学んできました。今日は、ヨブ記を取り上げますから、二〇一六年度はすべて旧約聖書をテキストにしたことになります。苦難に満ちた歴史を歩みながら信仰を失わなかった、イスラエルの民の歩みから共に学びたいと思います。

ヨブ記について

わたしにとっては関西学院大学の大先輩であり、関西学院大学神学部、東京神学大学の旧約学の教授として良い働きをされた松田明三郎先生という方がおられました。この方が一九五四（昭和二九）年、今から六〇年余り前に『ヨブ記註解』という書物を出しておられます。恐らく日本でのヨブ記研究の嚆矢となったものと思われますが、その冒頭に「ヨブ記の評価」という節を設けて、松田先生は次のように書いておられます。

ヨブ記はその詩的想像力の豊かなる点に於て、またその描写力の素晴しさに於て、単に聖書のうちばかりでなく、ダンテの「神曲」やミルトンの「失楽園」やゲーテの「ファウスト」の如く、世界に於けるあらゆる古典文学のうち、最大なる作品の一つである。コーニルの言葉を借りて云えば「ヨブ記は人類精神の最も驚くべき所産である」。ファイファーはヨブ記の作者を「旧約のシェイクスピア」と呼んだ。それは彼が、偉大なる詩的天才と驚歎すべき博学を所有しており、言葉の駆使と表現の力に於て、彼の時代に彼に匹敵するもののないことが認められるからである。

非常に高い評価をしておられます。それではヨブ記とは如何なる書物なのでしょうか。

ヨブ記の問い

ヨブ記は一言で言えば「義人ヨブ」の「苦難」をテーマにした文学です。ヨブ記の冒頭はこんな言葉で始まります。

ウツの地にヨブという人がいた。無垢《むく》な正しい人で、神を畏れ、悪を避けて生きていた。

（ヨブ一・一）

しかし、そのヨブがサタンの試練を受け、豊かな財産も一〇人の子どもたちも失い、妻に逃げられ、彼自身も重い病気にかかります。友人たちとの論争を通して苦難の意味を激しく追求したのがヨブ記です。

人間はなぜ苦しむのか、正しい人がなぜ苦しまなければならないのか。これは古くから、いつの時代も変わらない問いであり、人間の深い謎です。旧約聖書では苦難の問題は罪の問題と関連して、古くから取り上げられてきました。しかし、バビロン捕囚といった民族の苦しみを体験し、外敵——異邦人——に占領され圧迫を受けるという苦しみの歴史を経験する中で、イスラエルの人は、どうして選民イスラエルが苦しまねばならないのか、正しい者が苦しみに遭うのはなぜなのか。神はどうして不義を滅ぼさないでゆるすのか、といった神義論の問題として解決を迫るようになってきました。

ヨブ記はこうした人間の苦難の問題を根本的にかつ深く掘り下げて問い、それを美しい詩文の型で表現した優れた文学作品として世界的な価値を持っているものであるということができます。

渡辺和子シスターのこと

年末年始に起きたことから話を始めます。わたしは昨年秋思いがけないことでしたが、親友の川又志朗牧師が長年にわたって牧会され、岡崎晃牧師が協力牧師として助けておられた横浜明星教会の代務者・牧師代務として責任を担うことになりました。(川又先生が病のため隠退され、昨年三月で教会の仕事を終えられたのですが、後任の方が五か月で辞任されることになり、教会が出席者も一〇人程度になるという危機の中で、わたしは一〇年間、毎年八月の終わりの日曜日に説教応援に行き教会員の方々との交わりもあったので断れないと思い、現役に復帰して、しばらく牧師として働かせていただくことにいたしました。)

二〇一七年の元旦は日曜日でしたから、久しぶりに元旦礼拝の説教をし、新年会でおぜんざいをいただきながら、教会員の皆さんの新年の抱負をうかがい、そのあと役員会がありましたから、狛江の家へ戻ったのは午後五時頃でした。集まってくれていた娘たちや孫と、おせち料理をいただきお雑煮をいただいてお正月を祝いました。

そんなわけで、毎年なら真っ先に読む年賀状も元旦の分厚い新聞も目を通すことなく、二日の朝になってまず年賀状を読ませていただきました。その中で一枚、少し気になる年賀状がありました。それはシスター渡辺和子先生からのものでした。渡辺先生はいつも賀春と筆で書かれた文字を印刷し、そこにワープロで元旦、岡山の住所、お名前を書かれていたのですが、必ず余白のところに自筆で「おすこやかに」とか「お大切に」というひとことを書き加えてくださったのに、今年はそれがありませんでした。わたしはどうされたのかと思ったのですが、お年でもあり大変だったのだろうと思っていました。そしてそのあと元旦の新聞を開くと最後のところに、「渡辺和子さん死去、置かれたところで咲きなさい　八九歳」という見出しに驚いたのです。一二月三〇日に天に帰られた。わたしはいわば死者からの年賀状を受け取ったのでした。

新聞の記事によりますと、渡辺先生は膵臓がんのため一〇月末から入院しておられたが、一二月一九日に退院、学園内の修道院で一二月三〇日に生涯を終え、天に帰られたとのことでした。一一九日の退院は病状が良くなったからではなく、渡辺先生が最後のクリスマスと自らの終わりを自分の住みなれた修道院で迎えたい、という強いご意志があったことと思いました。

個人的な話をして申し訳ありませんが、昨年の一〇月、この銀座の聖書講座の二期目をまとめて『聖書に聴く「生と死」』を出版させていただきました。

この本の奥付を見てくだされば、二〇一六年一〇月三〇日初版発行となっています。しかし、実際には前回の一〇月一八日に第二七回目の銀座のこの講座がありましたから、この日に間に合うように発行しようと急いでいました。

ところがその二日前の一〇月一六日、わたしは兵庫県西宮市の日本キリスト教会西宮中央教会の秋の特別伝道礼拝に招かれており、礼拝説教と講演をすることになっていました。そして関西学院時代の知人、友人、また教会関係の方も来られるから、先生の著書を紹介して販売したいので、本を指定してくださいと言って来られたのです。

今はご存知の通り、本の出版のたいへん難しい時代であり、売れない時代ですから、間に合えば幸いと思い、出版を一八日から一六日に間に合うように、神戸の書店を通して一六日教会で販売することを考えれば、一四日には書店に届くようにしてくれないかと無理を言ったところ、教文館は一〇月一二日に出版をしてくださったのです。

その時、わたしは出版を早めることと共に、出版されたら、この本の中で触れている方々や出版にあたってお世話になった方々、また日頃からご指導と励ましをいただいている方々には贈呈をしたいのでできるだけ早く、本が出版されたら直送で送ってほしいというお願いをし、教文館はその願いを受け入れて手配をしてくださいました。

その宛先の一人に渡辺和子先生がおられました。岡山におられる渡辺先生のお手元に本が届いたのは一五日か一六日頃だったと思いますが、渡辺和子先生から一〇月一七日付の自筆の礼状をわたしは受け取っていたのです。

入院直前のあわただしい時の中、膵臓がんですから覚悟の入院であったと思いますが、その中で先生はいつもの通り、大きなのびのびとした字で、「この度は、ご著書をお送り頂きありがとうございました。ゆっくり読ませて頂きます。気温の差の大きい時ですので、お体を大切になさってくださいませ。十月十七日」とお書きくださったのです。

昨秋は日によって気温が一〇度も上り下りする不安定な天気が続いていました。先生は自分が死を見据えた入院をなさろうとしているその時に、わたしの体を気遣って状況をお書きくださったのです。恐らく渡辺先生の残された手書きのお便りの最後のものの一つでしょうから、わたしは大切に保存したいと願っています。

渡辺先生は一九三六年二月二六日、いわゆる二・二六事件のため、当時陸軍教育総監であった父・渡辺錠太郎陸軍大将が自宅で反乱軍によって殺害されるのを、九歳の時、机の陰に隠れて一部始終を目撃されました。それは生涯先生を苦しめた事件でした。

渡辺先生は迷いに迷って、また母親の強い反対を受けながら、修道女になる年齢制限の三〇歳ぎりぎりで修道女になられました。

優秀な方でしたから、修道会は彼女を外国留学させ、帰国されてから、三六歳の若さでノートルダム清心学園の学長になられました。しかし、その生涯は苦しみと戦いの連続でした。三〇代で管理職のストレスに悩み、五〇歳で過労から三つの症状に陥り、六〇歳で膠原病に苦しみ、膵臓がんを患われました。精神的葛藤も絶えることはなかったと思います。

一月四日の「天声人語」はこう記しました。

八〇代で刊行した随筆『置かれた場所で咲きなさい』が共感を得たのは、父の悲劇を含め自らのたどった暗い谷を率直につづったからだろう。

「つらかったことを肥やしにして花を咲かせます」「でも咲けない日はあります。そんな日は静かに根を下へ下へおろします」。

陸軍大将の娘、人もうらやむ華やかな人生を生きることのできた方であったかもしれません。しかし、九歳で最愛の父が殺害される現場に居合わせ、カトリックの修道女になり、重責を担われ心身共に苦しみ崩れる経験をされながら、しなやかに、強く、しかもおだやかに一生を生き抜いて多くの人に希望と力を与えられました。

わたしたちは今、本当に大変な時代を生きています。思いがけないことが、わたしたちに襲いかかってきます。

人はなぜ苦しまねばならないのか。義人であったヨブは次々と襲いかかる苦難と如何に対したのか。これはわたしたち一人ひとりの切実な問題であります。

ヨブ記の構成と内容

ヨブ記は初めの二章と最後の結びの部分（ヨブ四二・七―一七）だけが散文で、その他は詩の形で書かれています。そして初めと終わりの散文、すなわち物語の枠の部分は、一般に当時流布していた義人ヨブの物語に手を加えたものであろうと言われています。

だとすれば、本来のヨブ記は真ん中の詩の部分であるのですが、現実にはこの部分は難解であるため充分に読まれないまま、散文の部分のみでヨブ記を読んだことにしていることが多いのが現状です。それはいわば額縁のみが問題にされ、中の絵が充分に鑑賞されていないことになりますから、その中身に取り組むことが求められます。

ヨブ記は五つの部分から構成されています。

①序曲（一―二章、散文）
②ヨブと三人の友人、すなわちテマン人エリファズ、シュア人ビルダド、ナアマ人ツォファルとの論争（三―三一章、詩）
③ブズ人バラクエルの子エリフの演説（三二―三七章、詩）
④主なる神（ヤハウェ）の言葉（三八―四二・六、詩）
⑤結び（四二・七―一七、散文）

ヨブは正しい人であり、神を畏れ、悪を避けて生きていたにも拘らず、サタンの試みを受けてすべての財産を失い、七人の息子と三人の娘の生命を奪われ、妻からは見捨てられ、自らは重い皮膚病に冒されます。

三人の友人たちは、ヨブの不幸はヨブ自身が犯した罪の結果であるから、罪を告白するように勧めたのに対し、ヨブは激しく抗議して論争します。

また三人が説得できなかったことを怒り、エリフが出て来て演説し、苦難には教育的意味があると説いたのに対しても、ヨブは納得しなかったのですが、最後に主なる神がヨブに語りかけた時、彼は自分の非を悟り悔いています。

ヨブは主に答えて言った。

あなたは全能であり
御旨の成就を妨げることはできないと悟りました。
「これは何者か。知識もないのに
神の経綸を隠そうとするとは」。
そのとおりです。
わたしには理解できず、わたしの知識を超えた
驚くべき御業をあげつらっておりました。
「聞け、わたしが話す。
お前に尋ねる、わたしに答えてみよ」。
あなたのことを、耳にしてはおりました。
しかし今、この目であなたを仰ぎ見ます。
それゆえ、わたしは塵と灰の上に伏し

自分を退け、悔い改めます。　　　　（ヨブ四二・一―六）

と語るのです。

苦難は罪の報いであるといった形式論や義人が苦しむのはなぜか、神の義はあるのかといった神義論は、そこでは姿を消して、神を直接に体験したヨブは、黙して従う者とされています。一切を神にゆだねる信仰の解決がそこに語られているのです。

これがヨブの神に対する姿勢であり、苦難を通して得た信仰の告白でした。

ヨブ記のメッセージ

内村鑑三は、ヨブ記はローマ書にも匹敵するとして重視していたと言われます。そして、内村はなかでもヨブ記の一九章に、その中心的メッセージがあると見ていたようです。

すでに見てきたように、ヨブはすべての財産を失い、子どもたちも亡くなり、妻からも見捨てられ、自分自身も重い病に冒されます。彼は町を追われ灰の中に座したと記されています。「死の谷」に追いやられて生きていたようです。昔は不治の病であったハンセン病になった人は、人々から隔離され、死の谷に住む者とされていました。映画『ベンハー』でその状況が細かく描かれていましたが、人に乞うことも避け恐れる状況であり、人間としては最も悲惨な状態に追いやられていたと言ってよいでしょう。詩編二三編四節で「死の陰の谷を行くときも」と歌ったのがこの状況を指しています。
しかも、それはヨブの罪のゆえではないのですが、人々は誤解し、彼の罪のゆえであると考えて彼から離れて行くのです。ヨブは人間として最も辛い孤独と悲哀を痛切に感じているのです。
ヨブ記一九章一三―一七節はそのさまをこう記しています。

神は兄弟をわたしから遠ざけ
知人を引き離した。
親族もわたしを見捨て
友だちもわたしを忘れた。
わたしの家に身を寄せている男や女すら
わたしをよそ者と見なし、敵視する。
僕を呼んでも答えず
わたしが彼に憐れみを乞わなければならない。
息は妻に嫌われ
子供にも憎まれる。

そしてヨブは二一節で、

憐れんでくれ、わたしを憐れんでくれ
神の手がわたしに触れたのだ。
あなたたちはわたしの友ではないか。

と率直に訴えています。

ヨブは一三章では友人たちを批判し、黙ってくれ、わたしの言うことに耳を傾けてくれ。わたしはあくまで神との関係に立つ、友人たちを相手とせず神を相手にする、と言い切っていました。そのヨブが一九章では、友よ、わたしを憐れんでくれと訴えているのです。それは矛盾と言えます。しかし、ここに人間ヨブの心情があらわに示されているのではないでしょうか。弱い惨めな人間性があらわにされ、このような弱い人間が神とどこで関わり合うのかが問われているのです。

一九章でヨブは二つのことを願っています。その第一は、二三―二四節ですが、こう述べています。

どうか
　わたしの言葉が書き留められるように
碑文として刻まれるように。

たがねで岩に刻まれ、鉛で黒々と記され
いつまでも残るように。

今、ヨブには正しく理解してくれる人はいません。誰もいません。最も近い理解者であるはずの親類や友人や妻さえもが自分からは遠いのです。そこでヨブは自分を本当に理解してくれる人を後世に求めて、いつまでも消えぬように、岩に自分の言葉を書き留めてくれるように願っているのです。

第二の願いは、一九章二五―二七節に記されています。

わたしは知っている
わたしを贖う方は生きておられ
ついには塵の上に立たれるであろう。
この皮膚が損なわれようとも
この身をもって
わたしは神を仰ぎ見るであろう。
このわたしが仰ぎ見る
ほかならぬこの目で見る。

腹の底から焦がれ、はらわたは絶え入る。

有名な「贖い」の思想がここに明確に述べられています。新共同訳聖書の後ろにある用語解説はこう述べています。

旧約では、⑴人手に渡った近親者の財産や土地を買い戻すこと、⑵身代金を払って奴隷を自由にすること、⑶家畜や人間の初子を神にささげる代わりに、いけにえをささげること、などの意味がある。旧約聖書の中で神が特に「贖う方」(イザ四一・一四)と呼ばれているのは、イスラエルの民を奴隷状態から解放する神の働きを述べたものである。新約では、キリストの死によって、人間の罪が赦され、神との正しい関係に入ることを指す。

要するに「贖う」とは人の罪がゆるされ、人が救われることを意味するキリスト教の重要な概念ですが、ヨブ記はすでにその概念を持っていたのです。

そしてヨブの場合は、彼を取りまく人々の無理解という絶望的な空しい状況の中で、彼は目をあげ自分を贖ってくださる神にしっかりと目を向けて立っているのです。自分の立場を本当に理解し、自らの義しさを証明してくださるのは、贖い主である神のみであることを信じて立ったのです。

義しい無垢な、けがれのない人が突如すべてを失い、人々から、罪のゆえだとののしられる中で、無理解と孤独の中で、彼はしかし、神は生きておられる。わたしの贖い主としての主は生きてわたしと共におられる、という信仰に立ったのです。

ヨブは病のためやせ衰えようとも、人々から捨てられ孤独の中に死の陰の谷を歩むような時を過ごすとしても、必ず神を見ることができる。わたしを贖う方は生きておられる、という信仰や確信に立っていたのです。

神は生きておられる、このことをわたしの心は望んで焦がれる。ヨブがここで言おうとしている「心」には、「はらわた」という語が用いられています。「はらわたが煮えくり返る」という経験をさせられることがあります。そのように、まさに感情、精神の深奥から切に、ただ神にのみより頼んで、求めている。これがヨブの信仰だったのです。

彼の信仰はただ未来に淡い希望を抱くということではありませんでした。この地上の苦難の只中で神を仰ぎ見、神に信頼するものでした。苦難はヨブにおいて、このような積極的な意味をもっていました。苦難との激しい戦いの最中で、神の力と神の恵みを見るのです。だから「困苦《くるしみ》にあひたりしは我によきことなり」（詩編一一九・七一、文語訳）と言うことができるのです。

そしてヨブがこの確信に達したのは、友人、知人、親しい者への失望と来世に夢を見ることのはかなさを悟った後のことでした。このことに注意しなければなりません。ヨブは自己弁護を放棄した後に、「神は生きておられる」という信仰が彼のうちによみがえったと言ってもよいでしょう。最も深い苦しみ、破れの中で彼の信仰は実は最も中心を指すものになっていったのです。友人たちの論理的な論述、哲学的、神学的な言葉の中ではなく、支離滅裂で時には神に反抗的な言葉さえ発するヨブの言葉の中に、神の真理は証しされていました。これがヨブ記の基礎でした。

苦難に直面しつつ、失望のどん底に落ち込んだその只中で、わたしたちは、そのわたしを生かす、生ける神に直面したいものです。

ヨブ記のメッセージの第二として、二四章に注目したいと思います。二四章の前半には悪人の起こすさまざまな悪事が述べられています。

人は地境を移し
家畜の群れを奪って自分のものとし
みなしごのろばを連れ去り
やもめの牛を質草に取る。
乏しい人々は道から押しのけられ
この地の貧しい人々は身を隠す……。
（ヨブ二四・二以下）

悪は人の存在と共にあり、悪の種は尽きません。そして、悪は世にはびこり、悪人が栄えるという現実、これはいつの時代にも変わることはありません。仏教では人間には一〇八の煩悩があり、大晦日の除夜の鐘はそれからの自由、解放を求める行事であると言われています。

この現実をヨブは直視しながら、その矛盾を追及しようとするのです。ヨブは言います。

「権力者が力を振るい、成功したとしても
その人生は確かではない。
安穏に生かされているようでも
その歩む道に目を注いでおられる方がある」。

（ヨブ二四・二二―二三）

現実の世界は悪が横行し、悪人がわがもの顔にふるまっているとしても、神の目は絶えることなく、その現実に注がれているというのです。

「だから、しばらくは栄えるが、消え去る。
すべて衰えてゆくものと共に倒され
麦の穂のように刈り取られるのだ」。

（同二四・二四）

はびこるように見える悪も、他のすべてのものと同様、強きものも衰え崩れていく。権力者も低い者も皆同じように衰え死んで行く。

それゆえに、この世の矛盾のゆえに神を嘲るのではなく、不正や不義の存在する中でなお、神に目を向け、この世に注がれる神の目に信頼して生きるところに、ヨブの信仰があるのです。

ヨブの信仰の勝利

考えてみると、わたしたち日本人は苦難に対応するために運命とか宿命ということを考え、こうしたことをまず認めた上で、その中でどうするかを考えるということが多いのではないでしょうか。そしてこの場合の運命というのは、しばしばあきらめに通じることが多いと思います。

このことは日本の風土と深く関わっていると言われます。島国であるという自然的制約、気候のみでなく経済と文化も自分の力だけではどうにもならないという厳しい制約の中で、日本人の心情の中には知らず知らずのうちに、自ら持って生まれた運命、どうすることもできない宿命といったあきらめが身についてきたのだと思います。

『日本名言名句の辞典』という本が、小学館から出版されています。言葉を調べるのに便利なので愛用しているのですが、これによりますと「運命」という項目は、興味ある言葉が並んでいます。


私は、自分につながるきずな、それらは、引っくるめて、運命と云ってもいいが、それを大

切にしたいと考える。（尾崎一雄）
運命判断ほど、運命の不安定をはっきりさせてくれるものはない。（亀井勝一郎）
人の力を以て過去の事実を消すことの出来ない限り、人は到底運命の力より脱るることは出来ない。（国木田独歩）
運命は神の考えるものだ。人間は人間らしく働けば夫《それ》で結構だ。（夏目漱石）
我々の手ではもはやどうにもならない事態をどうにもならない事態として受け取ること、我々を否定しようとして襲ってくる運命を我々自身の運命として肯い担《うべな》うこと、ここに人間の究極の自由が存することは確かだ。（矢内原伊作）

こうした言葉に共通していることは、どうしようもない自分の運命を、こんな星の下に自分は生まれたのだから仕方ないという形で受容してしまうということです。確かにただ反抗して抵抗するのみでなく静かに受けとめなければならないことがあることは事実だし、否定できないと思います。しかし、現状を肯定し、現状を甘受する理由として、運命論が唱えられたり、摂理の信仰が利用されるとしたら、果たしてそれは正しいことなのかが問われねばならないのではないでしょうか。

ヨブ記は突如襲ってきた不幸を因果応報として片づけることをせず、また運命としてあきらめることをしないで、その理由を激しく神に問いただしたのです。

ヨブは人生の深い謎として、苦難と対峙したのではないでしょうか。そしてヨブは自分が今直面している不幸や苦しみは運命でなく、また自らの罪のゆえでもなく、あるいはまた神のたくらみでもなく、そこに神の正義と慈愛を犯すサタンの働きがあることを見定めて、これと戦おうとしたのです。

ヨブの運命に対する抵抗と勝利は、ですから信仰の勝利です。

わたしをあがなう者は生きておられる。
後の日に彼は必ず地の上に立たれる。
わたしの皮がこのように滅ぼされたのち、
わたしは肉を離れて神を見るであろう……
わたしの見る者はこれ以外のものではない。
わたしの心はこれを望んでこがれる。

（ヨブ一九・二五―二七、口語訳）

運命的なものに対する態度は、わたしたちにとってもこれ以外はありません。この世の力、悪の力、苦難をそのまま運命的に受けとめるのではなく、神のゆるしの下にある魔物的力――すなわちサタンの働き――として受けとめ、それと戦い、それを通して創造者なる神を信じ、救いを祈り求めるのが信仰者のあるべき姿でしょう。

神の全能とは、自分に都合のよいことがすべてかなえられるという意味ではなく、人間の運命の背後にあるもろもろの霊の力、サタンの力をも神が支配したもうということなのです。

使徒言行録の三章にペトロが足の不自由な男をいやした出来事が記されています。四〇年来足の不自由な男がエルサレムの「美しい門」という神殿の門のそばに置かれていました。四〇年もの間を、彼は彼なりに自分の生活の姿勢を身につけ、いわば運命に従って生きていたのでしょう。しかし、美しい門のそばに一個の物体のように置かれていた男にペトロは声をかけるのです。

「金銀はわたしには無い。しかし、わたしにあるものをあげよう。ナザレ人《びと》イエス・キリストの名によって歩きなさい」。（使徒三・六、口語訳）

金銀は今日から明日へ生き延ばす糧にすぎません。それはなお、運命の枠内にあります。しかし、イエス・キリストの名によって立ち上がり歩む者とされた時、この男は運命的状況を克服して新しく生きる者とされたのです。イエス・キリストの名によってこの男は、運命的なこの世の諸力の支配から自由にされたのです。

この出来事が、初代教会がエルサレムで立ち上げられたあと最初の出来事、事件であったことは、充分に注目されねばならないとわたしは思います。

おわりに

現代における苦難を生きた人の一人として、わたしはディートリヒ・ボンヘッファーに注目すべきではないかと考えています。

日本ではある時期、ボンヘッファーブームと言ってもよいほど、彼が熱狂的に受け入れられました。ナチスと戦った解放者、現代の殉教者と称えられました。そこには戦時下の日本における教会への反省があり、そのように受けとめられる必然性がありました。

しかし、彼が一面的に理解され、彼の人となりや、その生が全体的に理解されなかった嫌いがあるのではないかという疑問を持ち続け、そのことをわたしは研究の一つの課題としてきました。二年前の今頃世に出た『はじめてのボンヘッファー』はそういう意味では、それまで日本にはあまりなかった角度から捉えたボンヘッファー論があり、関心のある方には読んでいただきたい本であります。

ボンヘッファーは一九〇六年、今はポーランド領となっているブレスラウで八人兄弟の六番目の子どもとして生まれます。妹のザビーネとは双子で、八人の下から二番目に生まれたわけですから、皆さんから可愛がられて甘やかされて育ったか、ほったらかされて自由にのびのびと育ったかと思われます。父カールは有名な精神病理学者であり、父方にも母方にも優れた学者、法律家、政治家、神学者などを持つ恵まれた家庭で育てられ、一家は広大な家に住み、六人の召使いを雇い、多くのペットを飼っていたと言われます。

やがてベルリンに移り住み、ディートリヒは人文学において頭角を現すと共に、ピアニストとしての才能を発揮し、一〇歳でモーツアルトのソナタを演奏するまでになっていました。音楽のことはよく分かりませんが、大したことだったのでしょう。体も大きく健康であり、人々に好感を持たれる人物でした。

ディートリヒ・ボンヘッファーは一三歳で神学を学ぶことを志しましたが、家族はショックを受け、兄たちは一番つまらない抵抗の道を歩もうとしていると反対し、両親は変化に乏しい、平凡な牧師生活に耐えられるかを心配し、音楽の天賦の才が失われることを恐れたと伝えられています。恵まれた家庭に育ち、彼自身優れた資質を持ち、輝ける未来を約束された歩みの中から、彼は主に従う道を選びとり、それゆえにこの世的栄光を失い、苦難の生涯を生きたと言えます。

ボンヘッファーがヒトラー抵抗運動に加わっていた証拠をつかまれ、逮捕されて最後の時を過ごしたのは、ベルリンの中心部にあるプリンツ・アルブレヒト通りにある帝国中央公安局の地下の監獄だったと言われています。そこにテーブルと椅子とベッドのみの五フィート×八フィートの独房に幽閉されて四か月を過ごし、コーヒーとパンとスープで生き延び、冷たい水風呂に入り、繰り返される連合軍の空襲に耐えました。一フィートは三〇・五センチメートルですから、一・五メートル×二・四メートルです。それが彼の生きた空間だったのです。

一九四五年四月九日早朝に絞首刑を執行されたのですが、死刑執行に立ち合った医師がその最期をこのように伝えています。

その日の朝、五時から六時の間に囚人たちは……獄房から引き出され、軍事法廷の判決が読み上げられた。仮兵舎の一室の半開きの扉を通して、私はボンヘッファー牧師が、着ていた囚人衣を脱ぐ前に、床にひざまずいて、主なる神に真摯な祈りをささげているのを見た。この特別に好感の持てる人物の祈りが、全く神に身を委ねきって祈り、神は確かに祈りを聴き給うという確信に満ち溢れていたことに、私は深い感動を覚えた。……五〇年に及ぶ医師としての生涯の中で、このようにすべてをまったく神に委ねて死に赴いた人を私は未だかつて見たことはなかった。

この彼の生涯を支えたものは、一体何だったのでしょうか。わずか三九歳で、しかも最後の二年は獄中生活ですから自由に動けたのはわずか三七年の生涯を、感謝と信頼の祈りをもって終え得た理由は何だったのでしょう。

わたしは大胆にひと言で言うことを許していただくとすれば、「応答」と「責任」と言い表すことができるのではないかと、最近思うようになってきました。彼の困難に満ちた歩みを支えたのは、人となり、おのれを低くして、十字架の死に至るまで従順であられたキリストでした。そのキリストのゆえにゆるされ、生かされているという恵みへの応答としての歩みを生きたのが、ボンヘッファーなのでした。

彼はこう信じたのでした。イエス・キリストを通して示された神の愛は、この世のサタン的な支配を打ち破る。わたしたちを捕らえて離すことはない。わたしは生きるにも死ぬにも主のものとされ、神との交わりの中に生きる、と。

『ハイデルベルク信仰問答』問二七の答は、「すべてのものが、偶然からではなく、〔神の〕父としてのみ手によって、われわれに、来る」という摂理の信仰を明らかにしています。

恵みへの応答として生きる人間には、責任が問われます。「責任」は「義務」とは異なります。キリスト者はイエス・キリストにおいてわたしたちに向けられる、神の言葉に応答することによって生きるのです。神の言葉はわたしたちの全生活に向けられた言葉ですから、その応答もまた、その時々の具体的な行為によって現実化される、その人の生活全体をもって答えられねばなりません。

ボンヘッファーは『倫理学』の中で「イエス・キリストの生命に対する応答（Antwort）としての生活を、われわれは責任（応答すること Verantwortung）と名づける」と述べています。責任という概念は、イエス・キリストにおいて与えられている現実に対する応答の、包括的な全体性と統一性とが考えられていると言えます。この「応答」と「責任」において、この世に、この時代に生きるキリスト者の生を考えたのが、ボンヘッファーであったのではないでしょうか。

キリストへの応答としての生涯は、わたしたちの好みや願いによって示される部分的なものではなく、わたしたちの全存在をかけた一つの応答であることが求められます。現実の、今ここでなされる具体的な生活の只中で自分の生活全体をかけて応答するのが、キリスト者の責任を担う生き方なのです。

繰り返しますが、今、わたしたちは重要な時を迎えています。一月二〇日、日本時間では明日二一日になりますが、アメリカ大統領の就任演説に世界の注目が集まっています。和解と平和を目指す歩みが取り戻せるのかは大きな問題であります。

その意味では、わたしたちが今の時と場を生きるということは、ただ自分の平安と繁栄を求める利己的な生き方ではなく、互いに重荷を負いつつ、応答と責任の生を生きるということだと思います。

（二〇一七年一月二〇日）

地に落ちた一粒の麦

ヨハネによる福音書一二章二〇―二六節

はじめに

二〇一七年度の連続講演会の日程取りは大変な苦労でした。今年はルターによる宗教改革から五〇〇年の記念の年ということで、教文館も独自の講演会、音楽会などの企画をお立てになりました。長期にわたる企画ものがあったりして仕方のないことでしたが、やっと取れた第一回が、今日六月二九日でした。前回すなわち二〇一六年度の最終回は一月二〇日でしたから、実に一五〇日ほどあったわけです。

この聖書講座はすでに八年目に入っていますが、長く続けるのには時間的にも内容的にも、あるリズムのようなものが必要だとわたしは思っていましたから、こんなに間が空くと忘れてしまわれないかということも心配しましたが、今日はこんなにも多くの方がお集まりくださり、待っていてくださったのだと、とてもうれしく思っています。

今日はこの会のために親しい同労者である小原敏先生、素子さん御夫妻が、四国の新居浜からおいでくださいました。教会の信徒修養会にお呼びくださった頃から交わりが始まり、開拓伝道の高槻教会に御夫妻でお招きしたことがありました。三九年間の新居浜西部教会のお働きの中でなさったヨハネ福音書の講解説教を、退職を期に、B5サイズ七三五頁の説教集として出版されました。今日のテキストがヨハネ福音書であることに驚きを感じますが、今日おいでくださったことを心から感謝しています。

そして、これは全く思いもしなかったことでしたが、わたしは五月一三日に入院し、五月一八日に生まれて初めての手術を受けました。八時間に及ぶ大手術でした。わたしは全身麻酔で眠っていましたから何も分かりませんでしたが、見守っていた家内や娘たちにとっては不安な大変な時だったと思います。慈恵医科大学附属第三病院の岡本友好外科部長の優れた腕によって手術は成功し、経過も極めて順調で、六月一〇日に無事退院してまいりました。そして今日の会に間に合ったのです。

多くの方が祈ってくださいました。こんなに多くの方々が祈ってくださったことは本当に幸せでした。

わたしは気が強く負けん気も強いのですが、注射もこわい臆病者でもあります。岡本部長の病状や手術予定の説明は明快でしたし、意気込みも充分に伝わりましたが、手術の前の夕方見舞いに来て祈ってくれた親友の岡崎晃牧師はその夜家内に電話をかけてきて、「船本さんの不安な気持ちが伝わって辛かった。大部屋だったからできなかったけど、本当はイザヤ書の言葉を読んで祈りたかったのだ」と、そしてその聖句を読んで励ましてくださったそうです。

少し個人的な話をすることをお許しください。大阪に前川公一という方がおられます。前川さんとの出会いは本当に不思議な思いがするのですが、関学の同窓でほぼ同じ年齢、大阪日本橋で履物の店を営んでおられる方です。

関西学院は一八八九年、神戸の原田の森でウォルター・ランバス博士によって創設されました。現在の王子公園、王子陸上競技場などのある二万坪の土地が購入されました。

しかし、大学を設置しようという計画が起こり、現在の西宮にある上ケ原七万坪と交換し、あの美しいスパニッシュ・ミッション・スタイルのキャンパスが作られたのです。二万坪と七万坪が交換され、阪急電車を創り、宝塚歌劇を作った小林一三の理解と協力もあり、戦後多く作られた新制大学ではなく、旧制大学としてスタートすることができました。卒業生の山田耕筰、親友の北原白秋のコンビによりすばらしい校歌「空の翼」も作られ、日本の最初の男性合唱グリークラブは合唱界をリードすることになりました。

そうした中で、「国際問題研究部」というクラブも誕生しました。真面目に勉強するクラブとしてこのメンバーの中から関西の財界、政界で活躍する人を輩出し、歴代の関学学長のうち、二人はこのクラブの出身者だと聞いています。しかし、不幸なことにある問題が生じ、顧問が辞任するという出来事が起きました。

先輩たちの関わる国際問題研究部というしっかりとした組織があり、大学に後任の推薦を依頼して来られました。学長は苦慮されたようですが、「船本さん、宗教総主事の大役を担って忙しいのは承知しているが、あなたはアメリカに留学し、スコットランドに留学し、イスラエルのセントジョージカレッジにも行った国際派だし、国際問題に関心を持っておられることは、大学の入学式や卒業式の祈りや発言からよく分かる。国際問題研究部は伝統ある大切なクラブだから、その上、今問題を抱えている部の内部調整の務めもあるから、顧問を引き受けてくれないか」という依頼がありました。歴代、法学部の教授や元法学部長が引き継いでこられた責任でしたから、戸惑いがありましたが、引き受けることになりました。

すぐにOBの代表三人が挨拶にお見えになり、部の歴史や活動の現状やこれからのことについていろいろなお話をしてくださり、わたしはまさに意気投合しました。このOBたちと以後時々お話をしたり食事をしたりする機会に恵まれました。そのうちの一人が前川さんでした。

『恒平』というクラブの研究誌も出しておられ、創部七〇年記念号もいただきましたが、その冒頭に「活動基調」という一文がありました。七〇年前に書かれたとは思えない、現代にそのまま通用する文章であり、わたしは強く心を打たれました。少し長いですが引用させていただきます。

わたしたち、国際問題研究部は全世界の恒久平和を目標とし、その実現に向けて様々な視点からの科学的研究を中心とした諸活動を展開する。人類はその誕生から今日にいたるまで様々な暴力を生み出し、経験してきた。

戦争、テロ、拷問などの直接的な暴力のみならず、貧困、抑圧、不平等、搾取、差別、偏見、そして軍備とその拡大など構造的な暴力と呼ばれるものまでが、今もなお地球を覆い、さらにその規模と複雑さを高めつつある。

わたしたちはエゴイズムと無関心を捨て去り、現実に屈服することなく、人類のそしてわたしたちの真の進歩を目指して行く。

この目標のためにわたしたちは世界システムのあらゆる非平和的側面に目を向け、その客観的分析と平和への理論の構築に向けて学習を進めなければならない。

時は流れました。しかし、わたしたちを取り囲んでいる現実は改善されず、深刻さを増しているということを感じざるを得ません。

前川さんは大学との連絡役を担っておられたので、電話で話したり、お会いしてお話しする機会も多くありました。しばらく経った時でしたが、「船本先生にお会いするようになって、今迄あまり関心のなかったキリスト教に思いをはせるようになりました。どこか適当な教会を紹介してくださいませんか」と言い出されたのです。

大阪の日本橋には、わが国に自由メソジスト教会を紹介し創始者となられた河辺貞吉先生が建てられた大阪日本橋教会がありますので、そこに行かれたらと申し上げますと、その日から毎日曜日、礼拝に出席されるようになりました。河辺貞吉先生の御子息は河辺満甕先生で、わたしが関学の高校生の時の高等部長のちに宗教総主事として、学院のキリスト教教育の責任を担われた方でもありました。

前川さんは忠実な教会生活を送り、やがて洗礼を受ける決心をされました。その直前にわたしは思いがけず東京女子大学の責任を担うことになり、東京に来ていましたが、先生のお陰でクリスチャンになるのだから洗礼式には立ち会ってほしいと言われ、前川さんの受洗に立ち会う光栄にあずかりました。四年前に大阪の創元社という出版社で、キリスト教文化講座が始まり、聖書の講座を担当することになりましたが、前川さんは忠実な出席者であり、会を支えてくださっています。

このたびの入院をお知らせすると、毎日はがきを書いて祈り励ましてくださいました。ここに持って来ましたが三〇枚を超えています。祈られていることの偉大さを痛感し、感謝をしています。手術が終わったあと見舞いに行くと言われたので、お気持ちだけで結構と申し上げたのですが、もう切符を買ってしまったと、大阪から励ましに来てくださいました。このような方と出会うことができたのは、わたしには言葉にはならない感謝と幸せでした。

ユナイテッド航空に勤めておられた鬼塚弘通さんとはこの会で初めてお会いし、親しい交わりを持つようになりました。入院をお知らせし、どうぞ祈っていてくださいと申しますと、「先生そのままでしばらくお待ちください」と言われ、電話機を固定されたのでしょうね。その場で熱烈な祈りを捧げて励ましてくださいました。

手術の前には病院に電話がかかって来ました。明日は何時から手術ですかと聞かれたので、午前八時までに手術室に入るように言われていますと答えると、「明日八時に先生のために祈ります。そして一日祈り続けています」と言ってくださいました。大きな力であり励ましでした。わたしは牧師であり、教師でしたから、よくお見舞いに行き、祈るということをしてきました。しかし、今回「祈られている自分」を知り、深い感動を覚えています。

神はすべてをご存知であり、六月一〇日に退院したわたしに六月二九日という最適の日を備えてくださったと思います。

箴言一九章二一節を改めて読み直しました。「人の心には多くの計らいがある。主の御旨のみが実現する」と新共同訳は訳し、口語訳は「人の心には多くの計画がある、しかしただ主の、み旨だけが堅く立つ」と訳していました。ある意味では厳しい主の言葉です。しかし主の深い愛と恵みに満ちた言葉でもあります。スコットランドのアイオナ島の会堂で見た、"This is the first day of the rest of your life"（今日という日は、あなたの残された生涯の第一日目である）という言葉と共に、主のみ旨のみが実現するという信仰に生きたいと、今わたしは強く願っています。

「一粒の麦」のたとえ

「聖書に聴く『人生の苦難と希望』」の第一年目、二〇一六年度は四回とも旧約聖書をテキストにいたしました。今年は新約聖書に学びたいと思い、ヨハネ福音書一二章二〇―二六節を今日のテキストにいたしました。有名な「一粒の麦」のたとえです。

イエスの十字架の時が近づき、地上の歩みは終わりを迎えようとしていました。時は縮まっていたのです。「栄光を受ける時が来た」とイエスはおっしゃいました。

しかし、その自分は地に落ちた「一粒の麦」だと言われたのです。地に落とされた一粒の麦は死ぬしかない。しかし、その死によって多くの実を結ぶと、自分の受けとめる道を明らかにされたのです。

共観福音書（マタイ、マルコ、ルカ）はイエスの地上における最後の週、教会が受難週と呼ぶ一週間に、何が起きたかを詳細に記しています。しかし、ヨハネはそうした出来事の叙述をすべて省略して、迫り来る終わりの時を前にして、自らの死について語られたイエスの言葉のみを記していると言えます。共観福音書とヨハネ福音書は、その視点を異にしているのです。

別の言葉を用いれば、「ヨハネ福音書」は最後の一週間に何が起きたかということより、イエスが自らの死について何を語り、さまざまな出来事が意味していたことを明らかにすることに焦点を合わせていたと言ってよいのです。そして、その最初に出て来るのが「一粒の麦」のたとえです。わたしは地に落ちた一粒の麦だ、と言われたのです。

わたしは今、小田急線の狛江の住人ですが、最寄りの駅は喜多見です。キタミとどう書くのか皆さんご存知でしょうか。「喜びを多く見る」と書くのですが、わたしはこの駅名を大いに気に入っています。新宿からは成城学園前の次で、世田谷区と狛江市が微妙に入り混じっています。

今評判のＮＨＫ朝ドラ「ひよっこ」は茨城の北部の農村で高校を終わった三人の仲良し同級生

が東京に働きに出る姿をテーマにしています。ヒロインは谷田部《やたべ》みね子ですが、狛江の町には、やたべさんが多いのです。恐らく大地主だった谷田部さんの一族が、狛江の地の地主として管理していたのかもしれません。同級生三人のうちの二人の女子高生は親も仲良く、美人で、ドラマの中で母親のひとりが、わたしたちもかつては北茨城の美人として一、二を争ったのだからと言うと、相手が、いや、違う！　わたしが一であなたが二だ、などと言い争う場面がありました。それに対し、もう一人の男の子の親は、いかにも田舎のおばさんという感じで、同級生の親には見えないのですが、このお母さんは息子を徹底的に突き放し、口汚くののしるのです。そこまで息子を責めなくても……という場面がしばしばありました。

やがて高校を卒業して三人はいわゆる集団就職で夜汽車に乗り、朝早く上野駅に着き、それぞれの雇い主のところへ引き取られていく戦後の日本の忘れられない光景が展開するのですが、三人がバスに乗り、家を離れて東京に就職していく時、なんと最も悲しんで車の後ろを追って地に泣き伏したのは、男の子のお母さんでした。

三男として生まれたお前は、中学か高校を出ると共に家を離れる運命にあった。だからホームシックにかかったり、親許に帰りたいなどと苦しまないように、徹底的にお前を突き放した。「しかし、わしは良男、お前が好きだった。冷たく一度もやさしい言葉もかけなかったわしを許してくれ！」と泣き叫んだのです。

入院騒ぎがあり、あまりひよっこを見られなかったのですが、この物語には強烈な印象を受けました。東北に近い北関東の農村では、三男はやがて家を離れる運命にありました。東北に住んだ経験のあるわたしには、ののしり、馬鹿にし、やさしい言葉もかけなかったところに、母の愛があったということは痛いように響いたのです。

今回ヨハネ福音書一二章二〇節以下をテキストにし「一粒の麦」を学ぶ選択をした時、いつもするように聖書のテキストを何度も読み通し、いろいろな訳を読み比べる中でわたしの学んだ一つの事実は、「一粒の麦」は「地に落ちた一粒」であったということでした。

主はわたしたちのために、この世に来られました。それは栄光の主になるためでなく、地に落ちて死ぬ一粒の麦であり、十字架の死を通してわたしたちを救い、共に生きてくださる主でした。

二〇節は「さて、祭りのとき礼拝するためにエルサレムに上って来た人々の中に、何人かのギリシア人がいた」とあります。新共同訳の小見出しも「一粒の麦のたとえ」ではなく「ギリシア人、イエスに会いに来る」となっています。これは共観福音書には見られない指摘であり、ヨハネ独自のものです。このギリシア人は生まれながらのギリシア人であって、ギリシア語の話せるユダヤ人ではありません。端的に言えば異邦人であるギリシア人が、祭りのために上って来た人々の中にいたと言うのです。

ヨハネ福音書は、異邦人であるギリシア人を登場させることによって、福音がユダヤの地だけに留まらず、さらに広い世界に伝えられるようになるという一大転機が到来したことを告げているのです。

新約聖書には「ギリシア人」という表現が多く出て来ますが、その多くは狭くギリシア人という一つの人種を指しているのではなく、ユダヤ人以外の人々の総称として用いられています。パウロがガラテヤ書で、「もはや、ユダヤ人もギリシア人もなく、奴隷も自由な身分の者もなく、男も女もありません」（ガラテヤ三・二八）と語った時、ギリシア人はユダヤ人以外のすべての民を指していることは明らかです。

ヨハネ福音書がここにユダヤ人以外のすべての人を指すものとしてギリシア人を登場させたのは、神の選びの民であるイスラエルの民に対し、救いからは遠い者として区別されていた異邦人、異邦の民にも福音が伝えられることを明らかにしたのですが、まさに「新しい時の到来」を告げる画期的な言葉でした。

フィリポとアンデレが仲介者になって、ギリシア人たちがイエスに会いたいと願っていることを聞かれたイエスは、「人の子が栄光を受ける時が来た」。そして「一粒の麦であるわたしは地に落ちて死ぬ。そして十字架の死を死ぬことによって救いを全うする」とお答えになりました。

ギリシア語の新約聖書原典では、「時が来た」「人の子が栄光をうけるための」という語順で記されており、「主の時」が強調されています。

ＲＥＢ（The Revised English Bible）は、“Jesus replied: The hour has come for the Son of Man to be glorified”と訳しており、ギリシア語原典の語順を意識していますから、流石という思いがします。

ヨハネ福音書が「奇跡」を「しるし」と呼んだのは、皆さんよくご存知の通りです。最初のしるしは二章のカナの婚礼の時に現されました。婚礼のために用意したぶどう酒が足りなくなり、イエスの母が「ぶどう酒がなくなりました」と言った時、イエスは母に向かって「わたしの時はまだ来ていない」と語られたと記しています。ヨハネには「わたしの時はまだ来ていない」という言葉が、他でも出て来ます（ヨハネ七・六、八参照）。

しかし、今「主の時」「栄光の時」が来た、とイエスは明確に話されたのです。そしてこのような状況の中で、「一粒の麦」のたとえは語られたのです。

「はっきり言っておく。一粒の麦は、地に落ちて死ななければ、一粒のままである。だが、死ねば、多くの実を結ぶ」。（ヨハネ一二・二四）

人々にとっては、この主の言葉は意外な言葉であったかもしれません。人間にとっては、「栄光の時」に続く言葉は勝利の言葉でなければなりません。しかし、イエスにとっては「栄光の時」は、自らが名誉を手にする時でなく、自らを献げる時でした。

一粒の麦は死んだ、しかし、死んだゆえに生きている。これがキリストの十字架の死であり、生命であると聖書は語るのです。

イエスの死の意味

ヨハネ福音書一二章二五―二六節は、マルコ福音書八章三四―三五節の並行記事ですが、そこにヨハネ的編集が加えられていることに注意しなければなりません。ヨハネ福音書はマルコ福音書にはなかった二つの句をつけ加えています。それは「この世で」と「永遠の生命に至る」です。「この世で自分の命を憎む人は、それを保って永遠の命に至る」（ヨハネ一二・二五）と言うのです。人間が、人間の本能的で自己中心的な自己愛に生きようとする時には、永遠の生命にあずかることはできない、とヨハネは語っているのです。イエスはわたしたちに、自己中心的な生き方から、神に従う歩み、神に仕える歩みへと方向を転換することを求めておられるのです。

しかし、この方向転換は人間が自然になし得ることではなく、「自分の命を憎む」という強い決断なしには到底なし得ないことなのです。この世に倣って生きる自己中心の生活を放棄することが求められるのです。それは自分の力や決心で可能になることではありません。

また聖書は、信仰に生きることは、自己を否定し律法によって生きることである、と悟っているのでもありません。わたしたちは究極のもの、神と固く結ばれつつ、現実には究極以前のこの現実世界で生きているのです。それ以外にわたしたちの生きる場はないのです。

イエスはわたしたちのために十字架の死を死んでくださいました。一粒の麦は地に落ちて死んだのです。そして、その死を通して、わたしたちを真に生かし、導いてくださるのです。ですから、自らを十字架につけ、その犠牲と死によって、あなたがたを新たに生かすという主の大いなる肯定の中で、わたしたちは自分を捨て、自分の生命を憎む者となって、主に従い、主と共に生きる者となりなさい、と勧められているのです。

福音書はイエスの生涯とその教えをわたしたちに伝えていますが、特にイエスの地上の最後の一週間、受難週の出来事に集中し、多くの頁を割いています。それぞれの福音書が独自の視点、神学、信仰をもって、その出来事を伝えていると言えるでしょう。

しかし、冒頭で述べたようにヨハネ福音書は、エルサレム入城に始まり、最後の晩餐、ゲッセマネの祈り、逮捕、裁判、十字架に至る、いわばイエスの地上の歩みのクライマックスとも言える場面について、共観福音書が述べているような詳細な叙述はしていません。起きた出来事を詳しく描写して伝えるより、その出来事の持つ意味を正しく伝えることにヨハネ福音書の関心はありました。ですから、ある意味では最も劇的でもあり、深い意味を持つと思われるゲッセマネの祈りについての直接的な記述は、ヨハネ福音書にはありません。ルカ福音書が苦しみもだえつつ祈るイエスの姿を、「汗が血の滴るように地面に落ちた」（ルカ二二・四四）と記したような印象的な記述はないのです。

一九七四年の夏ですから、もう四〇年以上前のことになりますが、わたしは全く幸運なことにエルサレムにあるセントジョージカレッジで開かれた一か月の聖書セミナーに出席し、聖地をくまなく見てまわる機会に恵まれました。エルサレムに滞在し、ベツレヘム、エリコ、死海などをめぐっての一か月のセミナーは、聖書に対するわたしの見方を変えてくれるすばらしい日々でした。

感動の日々でしたが、ゲッセマネの園を訪ね、恐らくイエスの祈りを耳にしたに違いない樹齢二〇〇〇年を超える木々を見、記念会堂の中央に据えられた、そこにイエスが手を置いて「み心ならこの杯をわたしから取りのけてください。しかし、わたしの願いではなく、み心のままに行ってください」と祈られたと伝えられる、有名な聖画にもなっている大きな岩の前に立った時の感動は、今も忘れられません。

ヨハネ福音書にはゲッセマネの祈りの直接的叙述はありませんが、「一粒の麦」のたとえに続く一二章二七―二八節は「ヨハネのゲッセマネ」と呼ばれてきました。「今、わたしは心騒ぐ。何と言おうか。『父よ、わたしをこの時から救ってください』と言おうか。しかし、わたしはまさにこの時のために来たのだ。父よ、御名の栄光を現してください」。

「心騒ぐ」という時の「心」は、一二章二五節の「命」と同じ「プシュケー」という語が使われています。あるがままの人間としての「心」は、死を前にして悩みや恐怖を感じることを避けることができず、動揺せざるを得ません。

マタイ福音書はこの時の情景を次のように表現しています。

それから、イエスは弟子たちと一緒にゲッセマネという所に来て、「わたしが向こうへ行って祈っている間、ここに座っていなさい」と言われた。ペトロおよびゼベダイの子二人を伴われたが、そのとき、悲しみもだえ始められた。そして、彼らに言われた。「わたしは死ぬばかりに悲しい。ここを離れず、わたしと共に目を覚ましていなさい」。

（マタイ二六・三六―三八）

「悲しみのあまり死ぬほどである」と言うのは、単に肉体的な死の恐怖ではなく、世界の暗黒が罪と死の重荷を担うイエスにのしかかり、深い憂苦と不安と共にイエスの心を支配していたのです。そこでは語るべき言葉もなく、ただ「この苦しみの時が自分から過ぎ去るように」（マルコ一四・三五）とイエスは祈られました。人間イエスの叫びの声が、あげられたのです。

十字架はイエスにとっても容易に担えるものではありませんでした。イエスが十字架を前にして苦しまれたということは、イエスの救い主としての権威を損なうものでは決してありません。イエスは「全き人間」として、人間の負わねばならない苦悩や試練をその身に負い、味わってくださったのです。

しかし、イエスはそこに留まる方ではありませんでした。「わたしは心騒ぐ」と言いながら、それに続けて「しかし、わたしはまさにこの時のために来たのだ。父よ、御名の栄光を現してください」（ヨハネ一二・二七―二八）と言われる方でもありました。

この「しかし」は重い意味を持っています。わたしは「この時のため」「このことのため」に来たのだと、明確に自らの使命を宣言しておられるのです。「地に落ちた一粒の麦」としてのイエスの全生涯は、ただこの一点、すなわち十字架に自らの生命を献げるためでした。わたしは十字架を担うために、この時に至ったと明言されるのです。

「一粒の麦、地に落ちて死なずば」――この言葉は、十字架の時が迫っている緊迫した時の中で語られました。一粒の麦のごとくに、あなたがたのために自らの生命を捨てる、それがまさに栄光を受ける時が来たということだ、とおっしゃいました。弟子たちが「栄光をお受けになる時、わたしたちをあなたの右に、あなたの左に」と頼んだという記事（マルコ一〇・三七）とは鋭いコントラストを見せています。

「麦」はパレスチナのどこにでもあるごくありふれた植物であり、目立たないものにすぎませんでした。そして、イエスは、その麦に深い真理を秘めて、このたとえをお語りになりました。麦は人々に踏みつけられ、その中から新しい芽を出して伸びて行きます。そしてこの「一粒の麦」はイスラエルの民の生命の糧でもありました。小麦栽培を仕事としていたパレスチナの人々にとって、このたとえは身近であり、誰にでもよく理解されるものであったに違いありません。

一粒の麦が地にまかれる、その麦自体は自らの生命を失いますが、そのことによって多くの新しい実を結ぶように、イエスは十字架で死ぬことによって、わたしたちを生かしてくださり、永遠の生命に至るものとしてくださったのです。

六月二三日、戦後七二年目の沖縄慰霊の日を迎えました。その直前の六月一二日、九二歳で亡くなられた太田昌秀元知事は「平和の礎」を摩文仁の丘に建て、その石板には戦争で命を落とした二四万人あまりの島民、兵士たちの名が刻まれました。二度と沖縄に惨事を起こさせないため、生命の尊さを守るために自分の生涯を捧げた人々がいました。

二〇一七年、わたしたちの周囲はあまりにも自分中心な生き方が強くなっていないでしょうか。「アメリカ・ファースト」や「都民ファースト」など、「ファースト」という掛け声は、人が共に生きる喜びではなく、自分を守るだけの声になっていないでしょうか。

「地に落ちた一粒の麦」であるイエスは、自らの生命を人々を生かすために献げられました。わたしたちも皆、一粒の麦です。目立たない、小さな者にすぎません。しかし、それぞれその内に芽生え、育って、新たな実を結ぶ力を持っています。その生命をただ自分の内に貯えて、自分ひとりの幸いのために生きようとするのか、それとも自分に与えられた生命と賜物を喜んで神と人とに捧げて生きようとするのか、わたしたちは、今一人ひとり問われていると思います。

（二〇一七年六月二九日）

ただ信仰によってのみ（宗教改革五〇〇周年記念）

ローマの信徒への手紙一章一六―一七節、ハバクク書二章四節

はじめに

日本キリスト教文化協会の連続講演会として、この聖書講座を始めさせていただいて、今年で三〇回になります。二〇一〇年六月九日に第一回を開き、「生かされる生」という題でお話をさせていただいた時、この会が三〇回、八年間も続くとは夢にも思っていませんでした。むしろ銀座のど真ん中で聖書の話をさせていただくのは大変光栄なことだけれども、果たして何人の方が来てくださるのか、という不安の方が大きかったことを今もはっきり覚えています。

このような機会を与えてくださり、語ることを許してくださっている日本キリスト教文化協会、教文館、そしてこうして集まってくださって、祈りつつ支えてくださる皆さんに第三〇回にあたり、改めて心より感謝を申し上げたいと思います。

教文館はその上、この講演を三年毎に書物として出版してくださり、最初の三年分は『水平から垂直へ』、次の三年分は『聖書に聴く「生と死」』として世に出ました。

二冊目の『聖書に聴く「生と死」』には、この七月一八日、一〇五歳で天に召された日野原重明先生が温かい推薦の言葉を冒頭に書いてくださいました。恐らく先生の書かれた推薦文の最後

ではないかと光栄に思っています。序文は二冊とも宮原守男・教文館会長がお書きくださったことも深く感謝しています。

この本の中に二〇一五年一〇月二〇日に話した「二人称の世界」という、第二三回の話が載っています。この日も今日と同じく『讃美歌』二六七番を歌ったようで、話はこんな言葉で始まっています。

今、『讃美歌』二六七番をご一緒に讃美いたしました。必ずしも歌いやすい讃美歌ではなく、重い感じのする歌でしたが、これはマルティン・ルター作詞・作曲、いわゆる「宗教改革の讃美歌」と言われるものです。

宗教改革は一五一七年一〇月三一日にルターがヴィッテンベルク城教会の扉に九五箇条から成る質問状を張り出したことから始まりましたので、毎年世界中で一〇月三一日が宗教改革記念日として覚えられてきました。今年は四九八年目の記念の年です。あと二年、二〇一七年一〇月三一日に宗教改革五〇〇年をわたしたちは迎えることになります。

これは印刷されたいわば公式の文章ですが、わたしが当日のために用意した原稿には次の文章が残っています。そして、わたしは二〇一五年一〇月二〇日の会ではこのこともお話ししたと思いますから、覚えておられる方もあるかもしれません。

すでにドイツを始め、世界の各地で宗教改革五〇〇周年を覚えるさまざまな会が企画され準備が進められています。わたしたちのこの会も、二〇一七年の秋には宗教改革五〇〇周年を覚えて、ルターが福音の真理を発見する機会となったと言われる「ローマの信徒への手紙一章一六―一七節」を取りあげて、この会を開くことができれば幸せだなと、ひそかに考えています。ひそかに願いながらつい今、口にしてしまいましたが、どうぞ皆さんお元気で、その時までこの会を支えていただければ幸いです。

と申し上げたのです。

わたしはその時極めて元気でしたから、なぜ二〇一七年に、「この会を開くことができれば」と言ったのか、また「皆さんその時までお元気で、宗教改革五〇〇年記念の会にもいらしてください」と言ったのか分かりません。二〇一七年五月に生まれて初めての入院をし、大手術を受けるなどとは夢にも思っていませんでした。ですから、とても不思議な思いがいたします。

いずれにせよ、二年前に二〇一七年一〇月の会はローマ書一章一六―一七節をテキストに、宗教改革五〇〇周年を記念する会にしたいと約束したのですから、公約どおり今日はローマ書一章一六―一七節と、その源泉となったハバクク書二章四節をテキストにし、ルターの宗教改革のスローガンになった〈Sola fide〉（ただ信仰によってのみ）を題として、しばらくご一緒に考えたいと思います。

ローマの信徒への手紙について

わたしは一九六四年にニューヨークのユニオン神学大学での二年間の留学を終えて帰国し、関西学院で教師として働くと共に、高槻という京都と大阪の中間にある町で開拓伝道を始めたことは、すでに何回もお話をいたしました。

九月六日（九月第一日曜日）は当時、「振起日《しんきび》」の日曜日と呼ばれ、伝道の秋に向かって教会が心を一つにして伝道の戦いをスタートする日として重んじられていました。

母教会の大阪城北教会は高槻に開拓伝道を始めることを決定すると共に、そのスタートの日は「振起日」がよいと決めていました。しかし少し予定が狂って、わたしがトランクとタイプライターを両手に下げて妻と長女を連れて帰国したのは八月三一日でした。そして伝道所のために母教会が用意してくれた二階建ての建売住宅を見に行ったのは、九月一日でした。そして、五日後何もないところから開拓伝道が始まりました。講壇がなかったので家内の足踏みミシンにテーブルクロスをかけて説教をしましたが、途中で力が入って足が前に出るとミシンが音をたてて回り出したというような話は、多分皆さんよく覚えておられると思います。

これはこのようなあわただしいスタートという状況の中で生まれた愉快なエピソードですが、実際の開拓伝道はそんなに甘いものではありませんでした。高槻城主であった高山右近がキリシタン大名になって幕府からにらまれ苦しめられたため、高槻の地の人たちは根っからのキリスト教嫌いでしたし、創価学会が力を伸ばしていた時期でもあり、嫌がらせもあり大変でした。

しかしその中でみ言葉に聴き従う教会、礼拝共同体としての教会建設を目指して、数少ない教会員は力を合わせて励みました。そして、三年目の創立記念日、一九六七年九月三日には、伝道所から第二種教会を設立することができました。そして同時にこの日から、わたしはローマの信徒への手紙、ローマ書の連続講解説教を始めました。

ローマ書は聖書の中心をなす書物です。ルターが「この手紙は新約聖書のうちでもまことの主要部をなし、最も純真な福音であって、キリスト者がこれを一言一句暗記するどころではなく、たましいの日毎の糧として日常これに親しむに足りるだけの品位と価値とをそなえている。だからこれをあまりに多くあまりによく読み過ぎるとか考え過ぎるとかいうことはほとんどありえない。これに親しめば親しむほど、ますます貴く、よりよく味われるような書である」（ローマ書への序文）と語ったのは有名です。

ローマ書は大切な書ですが、それを読みこなすことは大変なことでもあります。わたしの神学研究の恩師は松木治三郎先生でした。千葉県の木更津教会、熊本県の熊本坪井教会などの牧師を経て、関西学院大学神学部の教授となり、日本新約学会の会長も務められました。立派な良い先生でしたが、冗談を言ったり、お世辞を言ったりすることのない人でしたから、一面厳しいこわい先生でもありました。しかし、わたしはこの先生において聖書を学ぶこと、聖書を釈義することを徹底して教えられたことを深く感謝しています。

先生は『使徒パウロとその神学』、『新約聖書における宗教と政治』、『イエスと新約聖書との関係』、『人間とキリスト』などの優れた著作を世に問われましたが、先生が最も力を入れ、愛されたのは『ローマ人への手紙――翻訳と解釈』という本であったと思っています。

ワープロなどまだない時代です。コピーも今のように簡単に取れる時代ではありませんでした。松木先生は一つしかない原稿ですから、どこへ行く時も風呂敷に包んでその原稿を持ち歩いておられました。寝る時は机の上の方に置き、何かあればこれだけは持ち出せるようにしたとお聞きしたこともありました。そしてあの歴史に残る『ローマ人への手紙』を一九六六年に刊行されました。

ローマの信徒への手紙はこんな書なのです。牧師ならその生涯のうちに一度は、ローマ書の連続講解説教をしたいという願いを持つと思います。しかし、わたしが始めたのは大胆にも高槻の開拓伝道の三年目、この日はまだ三一歳の若輩でした。この世的に言えば、ローマ書連続講解説教に取り組むにはまだ一〇年は若いと言われそうなことでした。話す方も大変でしたが、聞く方はもっと大変だったかもしれません。

その日の説教原稿は残っていますが、こう話し始めました。

わたしたちの「高槻伝道所」は今日、開所三周年を記念して教会を設立します。そしてこの日を覚えてローマ人への手紙の講解説教を始めたいと思います。それは地味なことであり忍耐を求められることだと思います。

しかし、教会がみ言葉以外に立つところがなく、み言葉以外に指針はないということを思う時、新しく「高槻教会」として歩み始めるわたしたちの群れが「ローマ人への手紙」に取り組むことは大切なことだと思います。

代々の教会が生きる力を与えられてきたように、わたしたちの教会もローマ書から生命と力を受けたいと願っています。

この講解説教は、一九六七年九月三日から一九六九年一一月三〇日までかかりました。関西学院で週日はフルに働きながら、毎日曜日はローマ書の説教をするというのは大変なことでした。教会員も大変な忍耐と努力を要したことと思います。

しかし、わたしはこのローマ書の一六章を二年三か月かけて学んだことが、高槻教会の基礎を作り、わたしは牧師としてまた聖書学者として土台を作ることができたと思っています。

ローマ書一章一六―一七節

パウロは当時の手紙の書き方に従って、まず発信人と受信人とを明らかにします。

発信人は一章一節に「キリスト・イエスの僕、神の福音のために選び出され、召されて使徒となったパウロから」と明記されています。受信人は一章七節に「神に愛され、召されて聖なる者となったローマの人たち一同へ」と記し、「わたしたちの父である神と主イエス・キリストからの恵みと平和が、あなたがたにあるように」と祝福の言葉を送っています。

そしてそのあとに自分は如何にローマの人々を訪ね、福音を伝えたいと願っているかということを率直に、切々と綴っています。何回もそのことを企てたが今日まで妨げられてきたので、いつかは訪ねられることを願いつつ、今はまず手紙を送ることにしました、と執筆の事情を明らかにしています。

ローマは当時の世界の首都でした。パウロは福音を伝えたいと切に願いつつ、その計画が妨げられているので、せめて手紙を送って皆さんと交流を持ちたい、と言うのです。伝道者パウロの面目躍如たるものがあります。そしてその理由は、「あなたがたにぜひ会いたいのは、〝霊〟の賜物をいくらかでも分け与えて、力になりたいからです。あなたがたのところで、あなたがたとわたしが互いに持っている信仰によって、励まし合いたいのです」(ローマ一・一一―一二)と語っています。

「お互いの信仰によって」と書いたパウロが続けて「ほかの異邦人のところと同じく、あなたがたのところでも何か実りを得たいと望んで、何回もそちらに行こうと」しました、と書いているのは注目に値します(同一・一三)。異邦人伝道者、使徒パウロは、異邦人のローマの人々から実りを得たいと願っているのです。与える人でなく受ける人になりたいと語っているのです。

こうしていわば序論の部分、あいさつの部分を終えたパウロは本論に入ります。そしてその最初に置かれているのがローマ書一章一六―一七節なのです。カルヴァンはローマ書について、「この手紙を理解する者は、全聖書を理解する扉を開く」と語っていますが、これはローマ書の基調音をなす言葉であり、同時に聖書全体を貫く主張であるということができます。

しかしこの主題は突如としてここに現れたのではありません。ローマの人たちに手紙を送る自分の気持ちを切々と語っているうちに、パウロは期せずして主題に到達したのです。あいさつの言葉を書いているうちに彼は福音の内容に触れ、執筆に至った個人の事情を語っているうちに彼は福音の核心に及んだのです。

「福音を恥としない」

「わたしは福音を恥としない」とパウロは申します。これは一見奇異な感じのする表現です。「恥としない」という表現は聖書には他にも出て来ます。第二テモテ書一章七―八節には、

神は、おくびょうの霊ではなく、力と愛と思慮分別の霊をわたしたちにくださったのです。だからわたしたちの主を証しすることも、わたしが主の囚人であることも恥じてはなりません。むしろ、神の力に支えられて、福音のためにわたしと共に苦しみを忍んでください。

とあり、イエスご自身マルコ福音書八章三八節で、

「神に背いたこの罪深い時代に、わたしとわたしの言葉を恥じる者は、人の子もまた、父の栄光に輝いて聖なる天使たちと共に来るときに、その者を恥じる」。

と語っておられます。

パウロは福音を伝えるために召された使徒でした。ですから地中海沿岸の各地をめぐって福音を宣べ伝えました。彼は誰よりも、何よりも、福音を誇りとした人でした。パウロは喜びと確信をもって、この福音を人々に伝え、彼自身福音によって生きた人でした。

しかし、そのパウロが「わたしは福音を恥としない」という否定形で語っていることは注意を要します。

パウロはペトロやヨハネやヤコブのように、イエスによって直接召された弟子ではありませんでした。むしろキリスト教に反対し、弟子たちを迫害し、イエスの教えを恥として生きていた人間でした。彼にとってイエスの説く教えは、ユダヤ教の伝統に反する憎むべき異端であり、イエスに従っている人たちは無学なガリラヤ湖の漁師たちであり、不正を働く徴税人たちであり、それらはまさに「憎むべき者たち」でした。しるしを求めるユダヤ人や知恵を追い求めるギリシア人たちにとっては、十字架に死んだイエス・キリストは愚かな恥ずべき者でした。

しかし、回心してキリストに捕らえられる体験をしたパウロは、今まで恥じていたイエス・キリストの福音を恥じることのない者とされたのです。ですから「恥としない」という否定形は、パウロにとっては「誇りとする」という肯定形にまさる強い肯定と確信とを宣言する言葉だったのです。

パウロにとって「福音」というのは概念ではなく、信じる者に生きて働く神の力でした。しかもその「福音」はパウロのみでなく、ユダヤ人にもギリシア人にも、「信じる者すべてに救いをもたらす神の力」でした。神の子が徹底して僕《しもべ》の道を歩み、その生涯をわたしたちのために献げてくださったのです。

ですから、この福音はイエスを主と信じるすべての者を救う偉大な力でした。このことを知り、確信し、信じた時、パウロは力強く「わたしは福音を恥としない」と言い得たのでした。

信仰によって

ルターに福音発見の喜びを与えたと言われるローマ書一章一七節はこう語ります。

福音には、神の義が啓示されていますが、それは初めから終わりまで信仰を通して実現されるのです。「正しい者は信仰によって生きる」と書いてあるとおりです。

これは、旧約の十二小預言書のハバクク書でハバククが預言した二章四節の言葉の引用です。

「見よ、高慢な者を。
彼の心は正しくありえない。
しかし、神に従う人は信仰によって生きる」。

ご存知の通り、ユダヤ人は律法の民でした。律法を通して神の意志が人間に伝えられるのだから、律法を守ることによって神に近づき、救われると考えたのは、充分に理解できます。そこでは律法を守る人が正しい人なのです。わたしたちは、特に日本人は、偉いか偉くないか、善人か悪人か、金持ちか貧乏人かといった区別で人を見るという点ではユダヤ人によく似ているのではないでしょうか。そして、聖書でイエスがしばしばユダヤ人を攻撃なさるので、何となくユダヤ人は良くない人種、『ヴェニスの商人』の高利貸しシャイロックのようなものと考えがちかもしれません。

しかしユダヤの律法の中にはすぐれて現在でも充分通用する、否、通用させた方が良いのではないかと思われるものは沢山あります。

たとえばミレーの〈落穂拾い〉の絵は有名ですが、あれは貧しいやもめが畑に残された落ち穂を拾い集めてかろうじて生きた様子を描いたものではありません。やもめや畑を持つことのできない人々のために、農夫は収穫の時、一定量のものを畑に残し、人々が助け合って生きるという掟（レビ一九・九―一〇）がユダヤにはあったのです。

裁判での証言は、二人以上の発言が全く合致しない限りは採用されないという律法（申命一七・六―七）もありました。最高法院でユダヤ人はイエスを死刑にしようと口々にイエスの悪口を言ったけれども、証言が合わなかったから問題にされなかった、と聖書は記しています（マルコ一四・五五―五六）。

ユダヤ人が律法に忠実に真面目に生きること自体は、特に悪いことではなかったのです。ただそれが自らの誇りとなり、他者を排除したとき、それは罪となったのです。

ルカ福音書一八章九節から、有名な「ファリサイ派の人と徴税人」の祈りのたとえがあります。ファリサイ派の人が自分の善行を並べ立てて神殿の中央で堂々と祈ったのに対し、徴税人は遠く離れて目を天にあげようともせず、「神よ、罪人のわたしを憐れんでください」と祈りました。そしてイエスは、義とされて家に帰ったのは徴税人の方であったと言われたのです。この二人を分けたものは何だったのでしょうか。

わたしは、ファリサイ派の人が「この徴税人のような者ではないことを感謝します」と祈り、彼の目は神ではなく傍らにいる人に向けられていたのに対し、徴税人は「神よ、わたしを憐れんでください」とひたすら神を仰いでいたことに、イエスの目は注がれていたと思います。

このファリサイ派の人の祈りの中に当時のユダヤ人の誇り、おごりを読み取ることができると思います。律法によって義とされようとする時には、当然のことながら、生活へのしばりは強くなっていくしかありません。人から良く見られようと考えて、そのことに関心のすべてを寄せて生きようとすれば、服装のこと、言葉づかいのこと、立ちふるまいのこと……どんどん人間を窮屈にし、そしてそれだけにその人のおごりを高めていきます。

今の時代、わたしは率直に言えば、「ファースト」という言葉の持つ自己中心の危険性を思わずにはいられません。自分を大事にすることは悪いことではありません。しかしそのことは、自分の利益だけを考え、他者を排除し、差別し、対立する危険を持っているからです。

ルターは修道院での厳しい戒律の生活に励みながら、果たしてこれが神が本当にわたしたちに求めたもうことなのか、と心に問いました。聖堂の階段をひざまずいて登ることが功徳があると言われ、自らはそれを実行したと言われています。ひざ小僧が割れ、血まみれになって登って行く中で、これが神の求めなのか、聖書はそうしなければ救われないと語っているのかという疑問を抱くようになり、み言葉を真剣に読み直す中で、パウロのローマ書一章一七節に出会い、新しい目を開かれたのです。福音の真理との出会いを経験したのです。

九五箇条の提題

ルターは一五一七年一〇月三一日、ヴィッテンベルク城教会の扉に九五箇条から成る質問状を掲示しました。この日が選ばれたのは、ハロウィンで人が町に出るから多くの人の目にとまるだろうと考えたからだ、という人もいます。真実は分かりません。ただはっきりしていることは、ルターが、①素朴な信仰の質問を提示しようとしたこと、②多くの人に自分の思いを伝えたいと思ったということだと思います。九五箇条の提題はこういう言葉で始まります。

真理への愛と、真理探究の熱心とをもって、以下に書きつけられたる提題はヴィッテンベルクにおいて論争せられるであろう。

ここで注意したいことは、ルターが九五箇条の提題を提示したのは純粋に信仰的問い、み言葉への問いからであって、教会に敵対するとか、新しい党派を作るとか、まして宗教改革を起こそうといった思いはみじんもなかったということです。彼は自分の生きてきた歩み、今歩んでいる現実の生活の中から生じた問いを聖書に照らして明らかにしたいと願ったのでした。

しかし、一五二〇年八月にはルターに対する非難の教書が発令されました。この教書にはルターの提題の中から実に四一箇条の個所を引用して、その異端的論調を批判し、ルターがその意見を撤回しない限り破門に処すことを宣言したのでした。一五二一年一月三日に破門されたルターは、さらに四月一七日、ヴォルムスの国会に召喚され、九五箇条の質問を取り下げることを要求されました。

一日の猶予を乞い、祈り熟考したのち、翌日国会に再び立ったルターは諸侯、権力者の並ぶ前で堂々と、「聖書の真理と明白な理性によって確信するのでなければ、わたしは自分の信仰を変えることは出来ません。わたしはここに立つ。主よ助けたまえ」と答えたのでした。ルターの優れた研究家であるベイントンが、この時のルターの「わたしはここに立つ」という言葉を用い、"Here I stand"という伝記を書いたのは有名です。

わたしは一九七三—七四年、スコットランドのセントアンドリュース大学に留学しました。思いがけず与えられたチャンスでした。そしていろいろなことがありましたが、わたしには忘れられない恵みの時でした。

このセントアンドリュースはスコットランドの都であり、最古の大学があり、ゴルフの発祥地として有名ですが、セントアンドリュース大学にはピアーウォーク（pier walk）と呼ばれる伝統が残っています。一万人位の町、そのうち六割は学生という典型的な大学町ですが、昔は重要な港があり、北海に向かって堤防（pier）が長く延びているのですが、一〇ほどあるいろいろな教派の礼拝に出席した学生たちが一斉に港に降り、堤防の先から梯子を登ってその上の狭い堤防の道を歩いてそれぞれの宿舎に戻る、という行事です。

セントアンドリュースの学生たちは学部生は赤いガウン、大学院生は黒いガウンを必ず着て礼拝に出席しますから、そのガウンの行列は見事な絵を形成します。わたしも毎週このピアーウォークに参加して"Deans Court"と呼ばれた聖堂の廃墟の前にある宿舎に戻ったものでした。

ドクター論文を書くことになり、五学期間セントアンドリュースにいたら、ブリテン島内の自分の大学に帰って論文研究を続けてもよいという、イギリス人に与えられている特権を特別にゆるされて、日本に帰国し関西学院大学に復職したのですが、忙しくてなかなか執筆は進みませんでした。そこで提出期限の切れる年の夏、教会から休みをもらってセントアンドリュースに戻り、研究室も与えられてようやくドクター論文を書き上げることができたのですが、セントアンドリュースに戻るとすぐ港に降りて行き、ピアーウォークの道を久しぶりに歩いてみたいと堤防の一番先の梯子を登ってピアーの上に立った時、狭い道と海から吹きつける風の中で、前に進めない恐怖を感じたのでした。皆と一緒に列をなして歩んでいた時には少しも感じなかった恐怖が、ただひとりピアーの上に立った時、わたしを襲って来たのです。一歩一歩足を進めて、長い時間をかけてピアーウォークを完成したのですが、あの時の体験は今も時々鮮やかによみがえって来ます。

ルターのおかれた状況とはもちろん比ぶべくもありません。しかし、ヴォルムスの国会で敵意に満ちた視線を一身にあびながら「わたしはここに立つ。主よ助けたまえ」と祈った姿がわたしの中では重なるのです。

ルターは教会から追われ、生命の危険にさらされながらも彼を支援し、同じ思いを持つ人々に守られながら、苦闘に満ちた改革運動の歩みを始めることになりました。この時ルターを支えたのは、言うまでもなく聖書の言葉でした。信仰によって生きる。人間のなす功績によってではなく、神から恵みとして与えられる信仰によってのみ、生かされるという確信でした。

ルターがガラテヤ書を愛したことは広く伝えられています。ルターの信仰は〈sola fide〉（ただ信仰によってのみ）と表現されますが、この強い主張はローマ書一章一七節と共にガラテヤ書のみ言葉でした。

ガラテヤ書三章一―二節は厳しくこう語りかけます。新共同訳の小見出しは「律法によるか、信仰によるか」となっています。

ああ、物分かりの悪いガラテヤの人たち、だれがあなたがたを惑わしたのか。目の前に、イエス・キリストが十字架につけられた姿ではっきり示されたではないか。あなたがたに一つだけ確かめたい。あなたがたが〝霊〟を受けたのは、律法を行ったからですか。それとも、福音を聞いて信じたからですか。

律法か信仰か。あなたがたは自分で働いて自分で救いを確保したのですか、それとも聴いて信じた信仰によるのですか、と問うのです。それは福音も大切だけれども律法も大切だ、信仰も大切だけれども割礼も大事だ、というようなことではないのです。律法に生きるか、それとも信仰に生きるのかが問われているのです。

そしてそのことを明確にするためにルターは〈sola fide〉、「ただ」信仰によって「のみ」。「ただ」と「のみ」を付け加えて、信仰義認という、以来プロテスタントの守ってきた原理を明確にしたのです。ここに宗教改革運動の厳しさがありました。

聖書とわたしたち

冒頭で少し話しましたが、七月一八日には日野原重明先生が一〇五歳で亡くなられました。九月の終わりにＮＨＫが最期を迎える日野原先生の姿を記録した映像を放送しました。その中で先生が繰り返し語られた言葉は、前に向かって進もうという積極的な言葉でした。

パウロが獄中書簡であるフィリピの信徒への手紙で、すなわち自らの生涯の終わりを目前にしながら、

わたしは、既にそれを得たというわけではなく、既に完全な者となっているわけでもありません。何とかして捕らえようと努めているのです。自分がキリスト・イエスに捕らえられているからです。……なすべきことはただ一つ、後ろのものを忘れ、前のものに全身を向けつつ、神がキリスト・イエスによって上へ召して、お与えになる賞を得るために、目標を目指してひたすら走ることです。

（フィリピ三・一二―一四）

と書いていることを思い出しました。

日野原先生はお父様が神戸で牧師をしておられた時に中学時代を過ごされたので、関西学院中

学の先輩です。二人はそこで矢内正一先生という優れた教師に出会うことができ、大きな影響を受けました。矢内先生が八四歳で亡くなられた時、その葬儀を関西学院中高の講堂で行い、わたしが式辞を、日野原先生が弔辞を述べるということがあり、この時以来、個人的にも先生と親しい交わりを持たせていただきました。

この講座の話を集めた二冊目の著作『聖書に聴く「生と死」』を一年前に出版した時、日野原先生は推薦の言葉を書いてくださいました。

その中にこのような一文があります。

私が一〇四歳を超えた今にして思うのは、私の人生の節目とも思えるような時には、いつでも幼い時に覚えた聖書の文言がどこからともなく頭に浮かんできたこと。そんな時には急いで聖書を開き、その該当する箇所に目を通してみたということでした。こんなことが何度もありました。

私の愛用の聖書には、ページが折られたり、傍線が引かれたり、書き込みがあったり、あるいは付箋が貼られたりと、ますます「私の聖書」の観を呈しています。

これまでの一二回にわたる講演が一冊にまとめられた本書を読むことで、また新たな目が開かれ、「私の聖書」にもさらにいくつものしるしがつけられていくことになるでしょう。

もったいないような温かい日野原先生の言葉です。

「私の聖書」という語が二度も繰り返し出て来ることに、わたしは深い感銘を受けました。わたしの聖書、そこには聖書によって歩んできたわたしの生、歩みがあります。偉大な先生でしたが、聖書の言葉に導かれて歩まれた一〇五年の歩みでした。

宗教改革五〇〇周年を迎えて、多くの講演会や説教がなされ、音楽会が開かれたり、また数多くの研究書が出版されました。宗教改革五〇〇周年が、沈滞気味の日本の教会に活気を与えてくれることをわたしは切に待ち望んでいます。

宗教改革は言うまでもなく、五〇〇年前の一五一七年一〇月三一日に起きた単なる出来事ではなく、そこには長い歴史があり、戦いがあり、労苦がありました。ルターは聖書を翻訳し、各巻に解説を書き、それまでウルガタと呼ばれるラテン語訳のみが聖書とされ、限られた人しか読めなかった聖書を、皆が読むことのできる聖書にしました。

宗教改革をどう評価し、どう理解するかは、重大なそして難解な問題と言えると思います。しかし、わたしはその根底には聖書の福音の再発見があり、み言葉に互いに聴き、み言葉に頼って生きることを勧めた運動であったと言ってよいと思っています。「大胆に罪を犯せ、しかし、さらに大胆にそのゆるしを信ぜよ」とルターは語っています。彼の生活は、み言葉に聴き従うことが一貫されていました。

「わたしは福音を恥としない。福音は、ユダヤ人をはじめ、ギリシア人にも」――この場合のギリシア人とは、神の選びの民と伝えられていたユダヤ人以外、いわゆる異邦人と呼ばれていたすべての民を指すことは言うまでもありません。パウロは、福音を恥としません。なぜなら「福音は、……信じる者すべてに」分け隔てなく、「救いをもたらす神の力だからです」。パウロは、「福音には、神の義が啓示されていますが、それは、初めから終わりまで信仰を通して実現されるのです。『正しい者は信仰によって生きる』」のです、と明確に宣言しました。ルターはこの句によって福音を再発見し、そしてそのことが世界の歴史を中世から近世へと変える大きな運動を呼び起こしたのです。

わたしたちが生きている今の時代は、何と言って表現したらよいのか分からないほど複雑な時代であると言えます。

聖書はこういう言葉で始まっています。

初めに、神は天地を創造された。地は混沌であって、闇が深淵の面にあり、神の霊が水の面を動いていた。神は言われた。

「光あれ」。

こうして、光があった。

（創世一・一―三）

わたしたちは今、まさに混沌の時代、闇の時代を生きていると言えるかもしれません。

その世界に神の言葉が響きました。

「光あれ」と。

宗教改革五〇〇周年の記念の年を迎え、わたしたちは何よりも、み言葉に深く聴き従うキリスト者の生を新しく歩み始めたいものだと、わたしは思っています。


（二〇一七年一〇月二四日）

苦難を耐え忍ぶ

ローマの信徒への手紙一二章九―一八節

はじめに

二〇一八年を迎えました。この一年も共に「聖書に聴く『人生の苦難と希望』」をテーマに、地道にそして確実に、聖書の学びを深めてまいりたいと願っていますので、どうぞよろしくお願いいたします。

まず、今日一月一七日というのは、阪神淡路大震災から二三年目の記念日にあたります。午前五時四六分、一分間の黙禱を例年のごとく捧げて今日を迎えました。神戸は雨でした。

前回の講座は、二〇一七年一〇月二四日でした。宗教改革五〇〇周年記念日のちょうど一週間前でしたからそのことを記念して、ルターの信仰を〈Sola fide〉（ただ信仰によってのみ）という彼のスローガンとも言うべき言葉から学びました。

その日から今日まであまり長い時間ではありませんが、実に多くのことがありました。その中で特に二つの出来事と、その時に語られた言葉が大変深く心に残りました。そのことから今日の話を始め、テーマである「苦難を耐え忍ぶ」ということを共に考えたいと願っています。

横田滋さん・早紀江さんの苦難

第一は、昨年の一一月一五日のことです。一一月一五日というと、皆さんの多くの方は「七五三」を思い起こされると思います。

もともと「七五三」という行事は子どもの成長期の一つの節目に、今後の成長の無事を祈り、健康を願うために土地の氏神などに参拝する風習です。日本では昔から奇数をめでたい数と考え、その重なっている月日が節句として祝われました。たとえば三月三日のひな祭り、五月五日の端午の節句、七月七日の七夕祭り、そのうち特に三、五、七の三つの数が特に取り上げられ重んじられるようになり、現在では、三歳の男の子と女の子、五歳の男の子、七歳の女の子が晴れ着を着せてもらって記念写真を撮るといったことが一般化しているようです。

しかし二〇一七年の一一月一五日は、別の記念日でもありました。一三歳、中学一年生だった横田めぐみさんが北朝鮮に拉致されてから、四〇年を迎えた時でもありました。御両親の横田滋さんと早紀江さんが川崎市で会見し、早紀江さんは、「わたしたちは普通のおじいさんとおばあさんでしかないのです。『めぐみちゃんだ』と分かる間に一時間でもいいから会いたい」と語ったと新聞は報じました。

めぐみさんが拉致された前日、一九七七年一一月一四日は、お父さんの滋さんの誕生日であり、めぐみさんは小遣いで買ったたくしを誕生日祝いとして贈ったそうです。初めての大人びたプレゼントに両親は娘の成長を感じたそうです。そして翌日、めぐみさんはバドミントンの部活帰りに拉致され、救出運動の先頭に立った滋さんは、高齢のため歩くのが難しくなった数年前までは、必ずこのくしを胸元に忍ばせて娘のために奔走し続けたと言われています。涙なしでは読めない新聞の記事でした。

苦難に耐え続けて四〇年を過ごした横田さん御夫妻のことを、わたしたちは忘れてはならないと思います。滋さんは昨年の一一月に洗礼を受けられ、お二人ともクリスチャンとしての歩みを続けておられます。

サーロー節子さんの訴え

第二の出来事は、二〇一七年一二月一〇日のことです。ノルウェーのオスロでノーベル平和賞の授賞式が行われました。国際ＮＧＯ「核兵器廃絶国際キャンペーン」(ican)がメダルと証書を贈られたのですが、その受賞式に被爆者のサーロー節子さんが事務局長のベアトリス・フィン女史と共に演説に立ったのです。

サーロー節子さんはこう語りました。

米国が最初の原爆を私が住んでいた都市、広島に投下した時、私はまだ一三歳でした。私は今もあの朝を鮮明に覚えています。八時一五分、窓からの青みを帯びた白い閃光に目がくらみました。体が宙に浮かぶ感覚を覚えています。

静かな闇の中で意識を取り戻すと、倒壊した建物の中で身動きできないことに気付きました。級友たちの弱々しい叫び声が聞こえてきました。「お母さん、助けて。神さま、助けて」。そして突然、私の左肩に手が触れるのを感じました。「諦めるな。頑張れ。助けてやる。あの隙間から光が差すのが見えるか。あそこまでできるだけ速くはっていくんだ」。誰かがこう言うのが聞こえました。はい出ると、倒壊した建物には火が付いていました。あの建物にいた級友のほとんどは生きたまま焼かれ、死にました。そこら中が途方もなく完全に破壊されているのを目にしました。

この体験を語った後、

……いま私たちにとって、核禁止条約が光です。この会場にいる皆さんに、世界中で聞いている皆さんに、広島の倒壊した建物の中で耳にした呼び掛けの言葉を繰り返します。「諦めるな。頑張れ。光が見えるか。それに向かってはっていくんだ」。

……この光は、かけがえのない世界を存続させるために私たちが傾ける情熱であり、誓いなのです。

と訴え、会場は総立ち、拍手はすぐには鳴りやまなかったのです。

ここには苦難に耐えて今、新しい前進をしようではないかという強い訴えがありました。

ローマ書一二章一二節

今日のテキストにローマ書一二章一二節「希望をもって喜び、苦難を耐え忍び、たゆまず祈りなさい」を選びました。

二〇一六年の九月から、わたしは親友の川又志朗牧師と岡崎晃牧師が長年責任を持っておられた横浜明星教会を代務者としてお助けをすることになったので、それまで出席していた阿佐ヶ谷教会に行くことができなくなりましたが、阿佐ヶ谷教会は毎年、聖書に基づく年度の標語を教会員から募集し、その聖句を元にして教会員がその年度の教会標語の歌として作詞・作曲し、いろんな機会に歌っています。こんなわけで、わたしが折角出した聖句による歌を聞く機会がほとんどなかったのですが、聖歌隊の指揮者の一人である井手道子さんが作詞し、オルガニストの茂木恵さんが作曲してくださいました。

聖句を「くりかえし」に入れて、一節は「神様の愛があるから　草も花も光を浴びて、さんびの歌を歌っている」、二節は「神様の愛は変わらず、嬉しい時も悲しい時も　わたくしたちにそそがれている」、三節は「神様の愛にこたえて霊に燃やされ、心を高くし、主をさんびして歩んでいこう」と歌います。そしてこの三節それぞれに「希望をもって喜び、苦難を耐え忍び、たゆまず祈りなさい」の聖句が繰り返されるわけです。とても良い歌だと、わたしは大変感謝しています。

ローマ書は聖書の中心をなす大切な手紙です。昨年わたしたちはマルティン・ルターに始まる宗教改革五〇〇周年を祝いました。ルターの宗教改革は聖書の福音の再発見によって始まったと言いますが、人々が自分で読めるようにルター訳の聖書を作ったルターは、人々の理解をうながすために聖書各書に序文を書きました。ローマ書について、彼が、

聖パウロのローマ人にあたえたこの手紙は新約聖書のうちでもまことの主要部をなし、最も純真な福音であって、キリスト者がこれを一言一句暗記するどころではなく、たましいの日毎の糧として日常これに親しむに足りるだけの品位と価値とをそなえている。


と書いたのは、あまりにも有名です。

パウロは、一章から一一章までに旧約の歴史を踏まえて福音の真理を明らかにし、「すべてのものは、神から出て、神によって保たれ、神に向かっているのです。栄光が神に永遠にありますように、アーメン」（ローマ一一・三六）としめくくったのです。そしてそのあとに一二章から語調を変えて、この信仰に生かされるわたしたちはどう生きるのかという問題を、一二章から一六章にかけて展開しています。

一二章一節はこう始まります。

こういうわけで、兄弟たち、神の憐れみによってあなたがたに勧めます。自分の体を神に喜ばれる聖なる生けるいけにえとして献げなさい。これこそ、あなたがたのなすべき礼拝です。

フランシスコ会訳聖書はもっと平明にこう訳しています。

さて、兄弟のみなさん、神の憐れみによって、わたしはあなた方に勧めます。あなた方の体を、神に喜ばれる聖なる生ける犠牲《いけにえ》としてささげなさい。これこそ、あなた方にふさわしい礼拝です。

キリストに自らのすべてを捧げて、キリストにあって新しく生きよと呼びかけたパウロは、九節から二一節で、新共同訳では「キリスト教的生活の規範」という小見出しのつけられた、その具体的な生き方を語ります。その中心に今日の聖句、一二節が来るのです。「希望をもって喜び、苦難を耐え忍び、たゆまず祈りなさい」。

信・望・愛

わたしは多感な高校生活を関西学院の高等部で過ごしました。非常に自由な気風のみなぎっている学校でして、個性的な先生が多く、一見バラバラのような感じを与えました。しかし、先生たちの真実な人格と真正面から向き会うことにおいて、不思議な統一のとれた学校でした。毒舌家が多く、随分きたえられました。ぼろくそに言われながら育てられました。わたしは厳しい中学部と自由な高等部という対照的な学部で若き日を過ごせたことを、本当に幸せなことだと思っています。

高等部の宗教部は毎朝、早天祈禱会を開いていました。河辺満甕部長は当時は二時間くらいかかった千里山からいつも一番に小礼拝堂の正面の一番前の席に座って、わたしたちの来るのを待っていてくださり、今日も高等部の生徒一人ひとりが充実した学校生活を送れるようにと、心を込めて祈ってくださいました。

春休み、夏休みには修養会があり、春は一年から二年に上がる者も、二年から三年に上がる者も、和歌山県の南部《みなべ》という海岸にある労禱学園に出かけました。そこでは賀川豊彦の弟子であった升崎外彦先生という仙人のような方が、学校生活に落ちこぼれた青年たちを集めて生活を共にして育てておられました。

升崎先生は上から目線で語りかけ教えられるのでなく、わたしたちと一緒に座り込んで、とつとつと自分の歩んできた信仰の道を語ってくださいました。深く心に残る出会いでした。最後に、

聖書に何か記念に書いてほしいとお願いすると、先生はしばらく目をつむり、わたしの顔を真正面から見つめて、

信じて疑わず
望みて屈せず
愛してやまず

と書いてくださいました。その時以来わたしを支え励まし勇気づけてくれた言葉でした。信・望・愛は、パウロがキリスト者の歩みの姿であると書いたことはよく知られています。アシジの聖フランシスコの「平和の祈り」は全世界で最も祈られ続けています。

主よ、
私をあなたの平和の器としてください。
憎しみあるところに愛を
いさかいあるところに赦しを
疑いのあるところに信仰を
絶望のあるところに希望を

悲しみあるところに喜びを
闇のおおうところに光を
もたらす者としてください。

主なる神よ、
慰められることよりは慰めることを
理解されるよりは理解することを
愛されるよりは愛することを
わたしが求めるようにしてください。
わたしたちは与えることによって受け、
ゆるすことによってゆるされ、
死ぬことによって永遠の生命へと
よみがえらされるのですから。

わたしたちは今、大変な時代に生きています。政治的にはもちろん、緊迫した状況の中にあります。「わたしの机の上には原爆のボタンが置かれている」「わたしの机のボタンの方がより大きい」といった恐るべき言葉が、当然のように語られています。しかし、わたしは今、最も恐ろしいことは、この困難の中で人も社会も国も世界も極めて個人主義、自己主義、自分のみという風潮が急激に広がっているということではないかと思います。

昨年、「ファースト」という言葉が流行しました。本来、ファーストがあればセカンド、サードがあるわけですから、これは関係概念であるはずなのです。しかし、アメリカがザ・ファースト、“America is the first”と言ったとき、アメリカさえ良ければよい。大国の持つ責任を放棄して、損なことはしない。自分の豊かさだけを求めて他者との間に壁を作るという思想になってきました。人は今、あまりにも自己中心、他を排除する傾向が強まっています。

信仰を持ち、それゆえに希望に生かされ、愛を持って互いに仕える。キリスト者の歩みが今、鋭くかつ厳しく問われていると思います。

宮原守男・教文館会長が『信仰・希望・愛』という書物を出されました。六〇年を超える弁護士生活を振り返って書かれた信仰の証の書です。お読みくだされればと思っています。「本のひろば」につたない書評を書かせていただきましたので、合わせてお読みくだされば分かりやすいかもしれません。

信・望・愛、「信じて疑わず、望みて屈せず、愛してやまず」は、わたしたち一人ひとりの歩みでありたいものです。

余談になりますが、和歌山県の南部は梅の産地、梅干しで有名になりました。南高梅は高級品です。一粒一粒包まれて、五〇〇円、一〇〇〇円といった値がつくようになりました。

しかし、今から六五年も前のこと、わたしが南部に修養会に出かけた頃は、のどかな海岸沿いの寒村でした。食事に封じ梅が出ました。梅干しを紫蘇の葉で包み、甘酸っぱい汁に漬けたものでした。梅干しの大好きなわたしにとってはとてもおいしく、すっかりとりこになりました。お土産に小さな瓶に入った封じ梅を買って帰りました。翌年もお土産に持って帰りました。しかしいつしか、南部は全国的に梅干しで知られると共に高級品化して、封じ梅は姿を消してしまいました。梅干しはわたしの大好物ですから毎日食べています。高級品はまちがいなく口当りが良くおいしいです。しかしあの素朴な梅干しの、紫蘇にくるまった甘酸っぱい味は今も忘れることができません。

昨年の思いがけなかった事件は、いろいろなことを考えさせ、ものの見方を変えてくれました。あなたの説教が変わったと言ってくださった人もあります。

わたしは今、残された時を、み言葉の真理を可能な限り明確にして平易に、しかし心に届く言葉として語ることに力を注ぎたいと願っています。

それはただ聖書の言葉をおうむ返しのように唱えることではありません。保守的聖書主義に戻ることでもありません。聖書は本来、時代に語りかけ、そこで具体的に生きている人間に切迫してくる力を持っていました。真剣に、恐れつつ、そして謙虚にみ言葉に耳を傾け、服従することにおいてみ言葉に応答する者でありたいと、切に願っています。

苦難に耐える

冒頭に引用した横田滋さんと早紀江さん、サーロー節子さんは、苦難に耐え、しかしあきらめずに前へ進むことを教えてくださいました。わたしたちの人生には絶えざる苦難があります。

パウロは自らについて語ることを極力抑えて、避けた人でした。そこには第二伝道旅行の時、アテネのアレオパゴスの評議所で、自らの知恵に頼ってギリシアの哲学者たちに対抗しようとして失敗し、嘲笑われて追われた経験があったと言われています。使徒言行録の一七章がそのことを詳細に語っています。

意気消沈して彼はアテネからコリントへ向かうのですが、そこで「あなたがたの間で、イエス・キリスト、それも十字架につけられたキリスト以外、何も知るまいと心に決めていた」（Iコリント二・二）と述べているように、彼は新生・再生の体験をしたのです。

しかしパウロはやむを得ず、自己について語らねばならない時がありました。彼は第二コリント書の一一章二一節で、「愚か者になったつもりで言いますが」と断って、率直に自らを語っています。そしてその証言は、いつの場合も彼の受けた苦難の体験と結びついています。第二コリント書一章八節で、「兄弟たち、アジア州でわたしたちが被った苦難について、ぜひ知っていてほしい。わたしたちは耐えられないほどひどく圧迫されて、生きる望みさえ失ってしまいました」と語ったのは有名です。

パウロでさえと言うべきでしょうか、パウロもまたと言うべきでしょうか。苦難を味わい、苦難に耐えかねて苦しんだ人でした。

しかし、注目したいことは、パウロはただ自分の苦難を語って、「俺だってこんなに苦しんでいるのだから、少しは同情してくれ」と訴えたのではなかったということです。パウロはコリントの教会の人たちが問題の渦中にあって苦しんでいることに心を寄せ、それに耐えて信仰に固く立ってほしいということを強く願って、自分の苦しみを持ち出しているということです。

ご存知の通りパウロは恵まれた家に生まれ、若くしてユダヤ教のリーダーになりました。当時最高の律法学者と言われたガマリエルの門下生として頭角を現しました。ユダヤ教に精通し、ユダヤ教の伝統を脅かすキリスト教を迫害する先頭に立ったパウロは、まさに若きヒーローでした。しかし、その彼がキリスト者になった時、彼の地位は逆転したのです。

ユダヤ教徒からは裏切者として憎しみを買う者となり、彼らのパウロへの期待が大きかっただけにそれは憎悪に変わり、生命さえねらわれる者となったのです。キリスト者たちは迫害者だったパウロを疑い、仲間として受け入れてはくれませんでした。そして故郷タルソで一五年程を過ごさねばならなかったのです。

彼は苦難に耐えることを強いられたのです。そしてパウロはアジア州で被った苦難は生きる望みをさえ失わせるようなものだったと述べた後に（Ⅱコリント一・八以下）、明確にどうしてその中で自分が耐え得たのか、苦難から抜け出したのかを語っています。

その理由の第一は、第二コリント一章九節にあります。「自分を頼りにすることなく、死者を復活させてくださる神を頼りにするようになりました」。

わたしたちは苦境に立たされると神に頼り、神に祈ります。しかし、すぐにその苦境から脱することができないと、しばしば神を呪い、神の存在を疑います。そして神は何もしてくれない、神はどこに行ったのかと嘆きの声をあげ、神を疑い、結局頼りになるのは自分だ、自分しか頼れるものはないと考えます。しかしパウロは苦しみ、生きる望みをさえ失い、死の宣告を受けた思いの中から、自分ではなく神を頼りにする信仰へと導かれたと言うのです。

このパウロの思いは、今のわたしにはよくわかります。体の不調に気づいたのは一昨年の一一月でした。しかし四回の内視鏡手術を繰り返し、これで一件落着、おめでとうと言われて退院した一週間後に真の原因にたどりつくという経験をし、手遅れになったのではないかという不安を抱きながら、昨年五月一八日に八時間に及ぶ大手術を受け助けられました。

自分を頼りにするのではなく、復活の主に頼るという信仰の体験をしました。今また新たに治療が始まっています。しかし心配した薬の副作用もなく進められていることに感謝せずにはいられません。その後二回ヘルニアの手術もありました。自分でなく神に頼るほかないということを思わされています。

パウロが「自分ではなく、神を頼りにする」と言ったとき、ここで直ちにその神は「死者を復活させてくださる神」だと述べていることに、わたしたちは注意をしなければなりません。

ご存知のように、イエスが捕らえられ十字架につけられた時、弟子たちは底知れぬ深い絶望感に襲われ、散り散りに逃げ去りました。わたしだけは大丈夫です。獄にでも、死ぬまで従いますと勇ましく誓ったペトロとて、例外ではありませんでした。

しかしその弟子たちが再び集まって来たのは、イエスがよみがえったという知らせを聞いた時からでした。そして弟子たちが再び立ち上がったのは、神がイエスを死者の中からよみがえらせてくださったという知らせを受け、そしてイエスは今もわたしたちと共にいるという信仰に立った時からでした。

ペンテコステの日に初代教会は誕生しました。その地はエルサレムでした。教会はエルサレムで誕生しました。それは、イエスを十字架につけた人々の住む都でした。

そしてペンテコステの日に代表のペトロが語った言葉は、「あなたがたが十字架につけて殺したイエスを、神は主とし、またメシアとなさった」(使徒二・三六)でした。

キリスト教が最初に語った宣教の言葉は、「あなたがたが十字架につけて殺したイエスを、神はよみがえらせ、あなたがたの救い主とした」ということでした。そしてわたしたち、今ここに立ち上がった弟子たちは、そのことの「証人」だ。わたしたちは「神がイエスを死者の中からよみがえらせてくださったことの証人だ」、と語ったのです。

そして彼らは人間に頼る者でなく、神に頼る者へと変えられたのです。変えられた者の群れが教会の始まりだったのです。

第二に注目したいのは一〇節です。「神は、これほど大きな死の危険からわたしたちを救ってくださったし、また救ってくださることでしょう。これからも救ってくださるにちがいないと、わたしたちは神に希望をかけています」。

神は「恐るべき死そのものから」わたしたちを救ってくださった。そして今も救っていてくださる。またこれからも救い続けてくださるだろう、とパウロは語るのです。過去、現在、未来を貫いて、神の救いの業が行われる。そのことに信頼を置き、「わたしは神に希望をかけています」とパウロは語るのです。

昨年は多くの自然災害がありました。今年も北国は雪の被害に遭い、新潟では四〇〇人あまりの人が一五時間も電車の中に閉じ込められる出来事がありました。生きる望みさえ失うような時になお、恐るべき死そのものからわたしたちを力づけ希望を抱かせてくださるのは、死者を生かす神のみ、希望は神からのみ来ると言うのです。

第三に注目すべきは一一節です。パウロは率直に「あなたがたも祈りで援助してください」と訴えています。

イエスは祈りの人でした。大切なことを始められる時、ひたすら神の導きと助けを祈り求められました。そして事がなし遂げられた時、ひとり静かに祈る方でした。

ルカ福音書の一七章に、重い皮膚病を患った一〇人の人々をイエスがいやされた記事が記されています。いやされた人々は祭司たちの証明書をもらって社会復帰をしたのですが、しかしイエスのところに戻って来て感謝を述べたのはただ一人、異邦のサマリア人のみでした。イエスは

「清くされたのは十人ではなかったか。……この外国人〔異邦人〕のほかに、神を賛美するために戻って来た者はいないのか」と言われました。

わたしたちはこの一人なのでしょうか。それとも他の九人の中の一人なのでしょうか。

ルターと言葉

繰り返しますが、昨年は宗教改革五〇〇周年という記念の年でしたから、マルティン・ルターに注目が集まりました。二〇一七年はルター・イヤーでした。

日本でルター研究の第一人者は、ルーテル神学校の校長を務められた徳善義和先生ですが、岩波書店から二〇一二年に出された『マルティン・ルター――ことばに生きた改革者』は名著です。

普通ある人物について書物を書くときは、その生い立ち、その活動、その業績といった風に展開するのですが、徳善先生のルター伝は内容的には当然そうしたことを踏まえているのですが、本の章立ては全く違っています。

序　章　ことばに生きる
第1章　ことばとの出会い
第2章　ことばが動き始める

「ことば」に密着しつつ、ルターの生涯と思想と活動を描き出しています。ルターの宗教改革は言葉、聖書の言葉に密着した福音の発見の運動であったことを明確にしています。

ルターの生涯は波乱に富み、一五二一年に異端者として破門され追放されてからの歩みは、困難との戦いでもありました。そして彼は聖書の言葉に立つことによってその困難を耐えたのでした。

多忙な生活でしたが、ルターの家には絶えず客があり、ルターは客と共に食卓を囲み、明るく討論をし、真剣に語り合い、讃美歌を共に歌ったと伝えられています。そして食卓を囲みつつ自由に語ったルターの言葉が集められて『卓上語録』として書物になっています。日常的な会話の中で福音の真理が語られているという面で、著作や講義録などと共に重要な意味を持っています。

ルターの『卓上語録』の中にこんな言葉があります。

「汝の困難をただ神に訴えよ。

神に失望するなかれ。

汝の幸福は日々に来る」。

「我は悲しむべき理由よりも
喜ぶべき理由を有している。

『わたしが生きているので、あなた方も生きることになる』（ヨハネ一四・一九）と言い給う
神の上に希望をおくからである」。

「キリスト者とは、福音を有し、キリストを信じる人だ。

この信仰は罪のゆるしと神のご恩寵をもちきたらす。

我らが唯一の慰安は我らがイエス・キリストを信じる事にある」。


いずれも短い言葉ですが、ルターの信仰をよく表していると思います。そして同時にここに宗教改革の基盤があると思います。

偽りなき愛と信仰

最後にもう一度今日のテキストに注目したいと思います。

ローマの信徒への手紙一二章をどう分けるかはいろいろ説がありますが、パウロは一二章の一―二節で献身の勧めを、それこそが霊的礼拝であるとして、キリスト者の実践的勧告の部分を始

めました。そして三―八節では、神の一つの恵みが多くの異なった賜物という形を持って現れる、教会における奉仕のあり方について述べました。そして九―二一節では、キリスト者の生活が、教会における他のキリスト者との、さらには教会の壁を超えて、この世における他者との共なる生活に及ばねばならないことを明らかにしています。

今日のテキストは「愛には偽りがあってはなりません」（九節）という言葉で始まります。

今日は、一月一七日です。二〇一八年が始まって「もう」一七日が過ぎた、「まだ」一七日だ、人によって受けとめ方は異なります。しかしこの一七日間に色々なこと、思いもかけない、目を覆いたくなるような出来事がすでに起きていることは否定できません。

カヌー競技でのオリンピック出場を目指していた選手が親しい、しかしライバルの仲間の飲料に薬物を投入するという事件が起きました。ドーピング検査の結果陽性と判定された選手には、出場停止処分が下されました。しかし、本人の自白があったので、この選手が追放され、出場停止を命じられた被害者の選手には記録を出せばオリンピック出場の可能性が出て来たという事件です。

日本でもこんなことが起きるのか、というのが正直なところ、わたしの第一の反応でした。そしてこんなニュースは聞きたくなかったと思いました。有識者たちはアスリートにあるまじき行為と批判をしました。

しかしマスコミの報道を見ていると、事はそんなに簡単ではないことが分かって来ました。自分の口に入れるものは自分で厳しく管理しなければならない。開封し残した飲料からは目を離してはならない。ボトルは開封した時にポンと音がするのを確認しなければならない。そして有名な女子選手は、たとえ母の作って来てくれた差入れの食事でも、飲み物は手を付けないで捨てることが多い。この選手は自己管理が甘かったのでは……と暗におとしめられた選手の不注意を批判したのは、言葉が出ないショックでした。

たとえ母親の作ったものでも異物が入る可能性があるなら、口にしてはならない。こんな悲しいことがあるでしょうか。しかし、事はそれほど緊迫しているというのです。アスリートは自己の練習に命をかけるのみではなく、自己を守るためにも命をかけなければならない現実があるのです。

「愛には偽りがあってはならない」。愛ほど美しい言葉はありません。しかし、美しい愛の反対側には残酷さ、冷たさがあるのです。わたしたちはそこまでは考えたことがありませんでした。甘いと言われるかもしれないけれど、信じたくない世界の現実があることを否定できないのかもしれません。

パウロが「愛には」と語り出した時、「へー・アガペー」と冠詞がついています。「アガペー」は神の愛を表しています。そしてここでは神からの最高の賜物であるアガペーに生きるキリスト者たちの愛のことを、特に強調して用いています。だから偽りがあってはならないのです。

パウロはよく信仰以前と以後とを、古い人と新しい人という表現で説明しました。エフェソ書四章二二節以下でこう言います。

だから、以前のような生き方をして情欲に迷わされ、滅びに向かっている古い人を脱ぎ捨て、心の底から新たにされて、神にかたどって造られた新しい人を身に着け、真理に基づいた正しく清い生活を送るようにしなければなりません。

コロサイ書三章七節以下ではさらにに具体的にこう言います(傍点著者)。

あなたがたも、以前このようなことの中にいたときには、それに従って歩んでいました。今は、そのすべてを、すなわち、怒り、憤り、悪意、そしり、口から出る恥ずべき言葉を捨てなさい。互いにうそをついてはなりません。古い人をその行いと共に脱ぎ捨て、造り主の姿に倣う新しい人を身に着け、日々新たにされて、真の知識に達するのです。そこには、もはや、ギリシア人とユダヤ人、割礼を受けた者と受けていない者、未開人、スキタイ人〔モンゴル系の遊牧民で、エレミヤ書四章でエレミヤが「災いが北から迫っている」と言ったのは彼らを指す〕、奴隷、自由な身分の者の区別はありません。キリストがすべてであり、すべてのもののうちにおられるのです。

ここでは偽りを言う、嘘を言うことが厳しく禁じられています。

初代キリスト者たちの世に対する証の一つは、互いに嘘を言わないことでした。嘘や偽りと結びついた愛は、まことの愛から離れていると言わざるを得ないのです。

成人式の晴れ着事件が今年の成人式に起こりました。振り袖をレンタルする会社が成人式当日に突然閉鎖し、楽しみにしていた一生に一度の成人式の晴れ着を着られなかった新成人たちの悲しみは、運が悪かったということではすまされない深い心の傷つきを与えたことでしょう。偽りの世界、嘘の世界、それは現実なのですが、言葉にならない憤りがわいて来ます。せめて嘘のない生活を送りたいものですね。

ただここで誤解しないでいただきたいのは、パウロは嘘を言わず、偽らず、正直に生きなさい、ということをこの聖句で伝えようとしているのではありません。

パウロが「愛には偽りがあってはなりません」と述べたのは、神の愛には偽りがない、御子を十字架につけて示された神の愛は真実な愛、「ヘー・アガペー」であり、ボンヘッファーの言葉を借りるならば、神が独り子をわたしたちの救いのために十字架につけてくださった、神ご自身が高い価をわたしたちのために払ってくださった、「高価な恵み」なのです。わたしたちはこの高価な神の恵みを受けとめ、真実の愛に生きようと努めているのです。

ローマ書の後半（一二章以下）を始めるにあたってパウロは、「こういうわけ（今まで述べてきた一章から一一章のすべて）で、兄弟たち、神の憐れみによってあなたがたに勧めます。自分の体を神に喜ばれる聖なる生けるいけにえとして献げなさい」（一節）と勧めたのち、「この世に倣ってはなりません。……何が神の御心であるか、何が善いことで、神に喜ばれ、また完全なことであるかをわきまえるようになりなさい」（二節）と話しました。

悪とは古い世界であり、キリスト者が倣うべきではありません。善と悪とを識別する目と心は信仰によって与えられ、愛において生かされるのです。

ローマ書一二章一二節は、

希望をもって　喜び
苦難を　耐え忍び
たゆまず　祈りなさい。

と対句になっています。

おわりに

わたしは昨年の九月一六日に、日本クリスチャン・ペンクラブの六五周年感謝と記念の集いにお招きを受け、記念講演をさせていただきました。

忘れられない経験でした。キリストを証しする文書を書くために努力しているグループがあり、六五周年をお迎えになりました。

今は本を読まない時代、文章を書かない時代になりました。昨年八月二四日の新聞によれば、全国の自治体・行政区一八九六のうち四二〇の自治体・行政区に本屋がなく、それは二割を超えています。時代は「読まず」「書かず」「話さず」「言葉に注目しない」時代かもしれません。クリスチャン・ペンクラブの仕事は忍耐のいる務めだと思います。

この日の講演の題を、わたしは「書くこと、話すこと、伝えること」といたしました。証の文学は書いて話して伝える務めを担っています。昨年七月一八日、日野原重明先生が一〇五歳で天に召されました。親しい交わりをいただいた関西学院中学部の大先輩ですから寂しいことでした。

この会の第二冊目となった、『聖書に聞く「生と死」』という本に先生は推薦の言葉を書いてくださいました。その中に、「私の愛用の聖書には、ページが折られたり、傍線が引かれたり、書き込みがあったり、あるいは付箋が貼られたりと、ますます『私の聖書』の観を呈しています。……本書を読むことで、また新たな目が開かれ、『私の聖書』にもさらにいくつものしるしがつけられていくことになるでしょう」と書いてくださいました。身にあまる言葉でした。

生涯現役で働かれた日野原先生を支えたのは、聖書の言葉でした。

今日のテキストの「苦難を耐え忍びなさい」は、「希望をもって喜びなさい」と「たゆまず祈りなさい」という言葉に挟まれています。希望の源は神にあり、わたしたちはたゆまず神に祈りつつ、苦難に耐えていくことができるのです。

苦難の時代です。しかしその中でわたしたちを支えるみ言葉、聖書の言葉により頼みつつ、この年を生きていきたいものです。

（二〇一八年一月一七日）

イエスに向かって手を伸ばす

マルコによる福音書三章一―六節

はじめに

わが家には一枚の大切な、しかし一風変わった色紙があります。普通色紙とは「和歌・俳句・絵・書などを書く方形の厚紙」と『広辞苑』にはあります。寸法は大小があり、色も白を中心にいろいろなものがあります。多くは白い色紙が使われ、署名と印が押されるのですが、わたしの持っているものは印がなく、小さい色紙に書かれたものを、大きな白い色紙に貼りつけたものです。

恐らく、書斎でゆっくり書いたのではなく、訪ねて行った先で書を頼まれて書かれたものを、その方が後で色紙にして残されたものではないかと思います。印もない不完全なものであるだけに、反ってこれはコピーではなく、間違いなくご本人が書かれたものだと思いますから貴重なものです。

書かれた方は、羽仁もと子さんです。

ご存知の通り、青森県生まれの教育者であり、日本最初の婦人記者となり、夫の吉一と共に『婦人之友』誌を創刊、一九二一（大正一〇）年、自由学園を創立し、文部省令を意識的に避けた自由な教育を行った人として有名です。色紙にはこう書かれています。

野の花を見よ
その純粋さを見よ
野の花のような
純真な思いがほしい
安らかな
野の花の姿で
多くの友の中にいよう

良い言葉ですね。「野の花のような／純真な思いがほしい／安らかな／野の花の姿で／多くの友の中にいよう」。

『婦人之友』という雑誌は毎号聖書の頁を掲載し、多くの人に影響を与えていました。

一九九〇年の秋でしたが、婦人之友社から電話がかかって来ました。まだ関西学院大学で働いていた二八年も前のことでした。一九九一年は「イエスの情景」というテーマで特集をしたいので、その二月号に原稿を書いてほしいということでした。

大変光栄なことと喜んでお引き受けしたのですが、この連載がまとめられて書物として刊行されたのは二〇〇二年三月二五日でしたから、わたしはすでに東京に来て、東京女子大学の学長として働いていました。

婦人之友編集部はこんな序文を書きました。

若い日から壮年、そして老年に至るまで、悲しみや、苦悩、孤独の日には慰めと平安、生きる勇気を、また喜びの日には、感謝をもってさらに前進する力を与えてくれる聖書の言葉——。

「婦人之友」には、生活を通しての聖書との出会い、心の糧としての体験や折々の感動が長年、各分野の方々によって連載されてきました。この度、イースターを前に、その中から三〇篇を、筆者皆さまのご快諾を得て『聖書　心にひびく言葉』に収録することができました……。

人と人との愛による交流と心の絆が切実に求められている今、この一冊が年代を問わず多くの方々に読まれ、魂の慰めと癒し、希望と励ましが与えられますようにと心からねがっております。

わたしが東京女子大学に来た時、東京女子大学についてほとんど知識を持っていませんでしたから、はっきり言えば苦労しました。

しかし、その中で、本当に良い方と出会うという経験をしました。熊井頼子さんという方がおられました。

当時、東京女子大学は五月にスポーツデーというのをやっていました。わたしはこういう行事は大好きですから、張り切って白いシャツ、ズボン、新しいスニーカーを買って行きました。例によって初めにあいさつをさせられたので、「大学生活は学びと共に体をきたえることも大切なことだから、今日一日楽しんでください。わたしも帽子から靴まで新調してやって来ました」と言ったら、学生たちの反応は、「可愛いーー!」でした。生意気な可愛い学生たちでした。グランドの向こうに同窓会館が建っていましたので、わたしは同窓会館をのぞきに行きました。二階に上ると、熊井さんは奉仕部の委員長として、同窓生から集めた文章の仕分けを一人でやっておられました。わたしが不意に体操服姿で現れたので驚かれたようでしたが、「新しく来られた体操の先生ですか」と言われたのです。わたしもいろいろな間違いをされたことがありますが、体操の先生と間違われたのは生まれて初めてでした。言葉に困って「一応学長ということで関西学院大学から来た船本と申します」と言うと、今度は熊井さんの方がびっくり仰天されて、大変な間違いをして申し訳ありませんと言われ、いや体育の教師と言われたのはうれしいですよと申し上げ、それ以来すっかり親しくなりわたしの生活を助けてくださいました。

学長を辞めることになった時、歌人でもありましたから、三〇首の短歌、和歌を贈ってくださいました。わたしには忘れられない最高の贈り物でした。

「惜別」と題した歌の中に、最後の卒業式をうたったこんな歌がありました。

万感の想いあらむを深く秘め
　笑みて立たせり常の謐《しづけさ》

建学の精神《こころ》忘るなと説き給ふ
　学長の任終へむ式辞に

忘れらない贈り物でした。

学長を辞めたのち、このままお別れするのは残念だという同窓生が多いので、聖書の話を聞きたいと熊井さん、劇作家の松岡励子さん、勝海舟のひまごの五味澄子さん、東山節子先生、西野和子先生、同窓会長だった柴沼喜久子さん、弁護士の宇野美喜子さんなどが中心になって聖書会が生まれ、やがて男性も加わるようになり、宮原守男さん、岩田尉男さん、籠屋公夫さんなどもメンバーになり楽しくやっていたのですが、熊井さんが病気になられて、さまざまな事情が重なり、しばらくして中止になってしまいました。残念でしたが、しかしその代わりに銀座のキリスト教文化協会の連続講演会として聖書講座が始まり、今日は第三二回ですから、神様のなさることは不思議ですね。

麦の穂を摘む

今日の聖書のテキストはマルコ福音書三章一―六節ですが、その直前には弟子たちが麦の穂を摘んだという記事があります。マタイ福音書一二章、ルカ福音書の六章にも記されています。

ある安息日にイエスが麦畑を通って行かれると、弟子たちは歩きながら麦の穂を摘み始めたというのです。それを見たファリサイ派の人たちが、イエスに「ご覧なさい。なぜ、彼らは安息日にしてはならないことをするのですか」と言ったというのです。

わたしたちにはファリサイ派などのユダヤ人は律法主義者であり、ユダヤ教は律法主義だったという前理解があります。ですから、ユダヤ人は律法を守ることにがちがちに凝り固まった人たちだと考えることが多いと思います。

しかしユダヤ人が厳格に守ったのは十戒であり、特に安息日を固く守り、そこで他民族と自分たちの線引きをするほど重要なものとしていました。当時の安息日の禁止条項は三九あり、それぞれに三九の細則があったので、安息日にしてはならないことは一五〇〇を超えたと言われています。

しかし、安息日でなければ、お腹をすかせた弟子たちが麦の穂を摘んで食べたとしても何ら問題にはなりませんでしたし、前にもお話ししましたが、ミレーの有名な〈落穂拾い〉の絵にあるように、畑を自分で持てないやもめや貧しい人のために、収穫の一部を落ち穂として畑に残すことが命じられていたのです。このユダヤ人たちに比べると、むしろ現在の日本は随分律法主義的になっていないかと考えさせられることがあります。

わたしは新幹線のシニア割引の「ジパング」を使いますから「のぞみ」でなく「ひかり」に乗るのですが、高齢者は急ぐことはないのだから「のぞみ」にはジパングの割引はなく、「ひかり」と「こだま」にだけ利用できるというのも、随分冷たいことだと思います。

最近新幹線に乗って放送の仕方が変わったことがとても気になっています。たとえば名古屋に着く前にこんな放送があります。「まもなく名古屋に到着します。短時間の停車ですから、すみやかに降りてください」。「短時間の停車」と「すみやかに降りるよう用意しろ」ということは、今までの放送にはなかったのです。

昨年わたしは入退院を繰り返し手術を受けましたから、いつものように新幹線に乗ることはありませんでした。いつからこの放送が一変したのか正確には分かりません。しかし、九月一四日に大阪創元社の聖書講座に行った時、この放送の変化に気づきました。高齢者のひがみかもしれませんが、少しでも早く移動させたいという交通機関の願いと、だんだん乗客が高齢化して乗り降りに時間がかかるようになったので「すみやかに」という言葉を用いるようになったのだろうと思います。

事情は分かります。しかし年老いてきた乗客に、すみやかに行動して新幹線を遅らせないようにせよという言い方は、冷たいし律法主義的だという思いがしてなりません。皆さんはどう思われるでしょうか。

安息日の主

マルコ福音書三章はこんな言葉で始まります。

イエスはまた会堂にお入りになった。そこに片手の萎えた人がいた。人々はイエスを訴えようと思って、安息日にこの人の病気をいやされるかどうか、注目していた。

（マルコ三・一―二）

イエスは監視されていました。わなにかけようとされていたのです。マルコ福音書は一六章から成る福音書です。マタイの二八章、ルカの二四章、ヨハネの二一章に比べると短い福音書です。マルコ福音書三章は、イエスのガリラヤ伝道が始まったばかりの出来事です。ご存知の通り、わたしたちはイエスの伝道の前半を「ガリラヤの春」と呼んでいます。そしてフィリポ・カイサリアでペトロの信仰告白を受けたのち、イエスは後半の十字架への道を歩み始めたと考えられています。この考え方は間違いではありません。しかし、前半は何の問題もなく、大勢の人々に囲まれてイエスは楽しい祝福に満ちた歩みをされたと考えるとしたら、それは誤りであると言わざるを得ません。イエスの生涯はその始まりから、マルコで言えば三章の冒頭ですでに、人々はイエスを訴える口実を見つけようとイエスに注目していたのです。イエスの生涯は戦いの歩みであり、人々から悪意をもって注目された歩みでした。

イエスが自分のことを第一に考える人であれば、今は何もしないのが安全でした。しかし、人の思惑がどうであれ、そこにわなが仕掛けられているとしても、イエスにとって安息日は神との交わりの日であり、神のみ旨に従って生きる日でした。ですからイエスはいつものように会堂に入られたのでした。

そこに片手のなえた人がいたのです。マルコは片手と記していますが、医者ルカは明確に、それは右手であったと言います。それは、彼の利き手であり、仕事をする手でした。かつては動いていたのでしょうが、何らかの理由で力を失い、動かなくなってしまったのです。

石川啄木が「はたらけど／はたらけど猶わが生活《くらし》楽にならざり／ぢつと手を見る」とうたったのは有名です。啄木の目が注がれた手は、彼が働き、それによって生活を支えてきた手でした。今、会堂の中でイエスの前にいる右手のなえた人、彼は働きの手、物を作り出してきた大事な手の力を失ったのです。どんなに深い絶望の中に彼は立たされていたかを思います。

人々はこの人を取り囲んでいました。そして人々は彼の苦しみにではなく、イエスが安息日にこの人をいやして十戒に違反するかどうかにのみ注目していたのでした。この一人の人は「苦しみの中にあるひとりの人間」としてではなく、イエスを訴える口実を作り出すのに役立つ「ひとつの物」であるかどうかが問題とされていたのです。まさに恐るべき冷酷な一瞬でした。

今日の聖書の出来事が会堂の中で起きた事件であったことは、注目されねばなりません。イエスはまた会堂に入られた。そこに片手のなえた人がいた。人々はイエスが安息日の戒めを破ってまで、この人をいやすか注目していた。それは、イエスを訴えようと思って注目していたのです。およそ会堂にふさわしくないことが起きようとしていたのです。神の前に人と人の交わりが形成されて行くべき教会堂の中で、一人の人をわなにはめて陥れようということがなされようとしていたのです。

わたしが高校生活を送った時期、一九五〇年から五三年頃はいわゆる戦後のキリスト教ブームの時代でした。高校の中にキリスト教運動を盛んにし、それを全国的なものに展開しようという動きが起こりました。「ハイスクールYMCA」、いわゆる「ハイY運動」が起きたわけです。

その頃、活動は関東より関西の方が盛んでした。京都ハイY連盟、大阪ハイY連盟、神戸ハイY連盟がまず結成されました。各地区に盛んなYMCAの指導者がいて、助けてくださいました。わたしは関西学院を背景にしていましたから神戸ハイY連盟の委員長とされ、関西学院、姫路の日ノ本学園、甲南高校、須磨高校などによって連盟が結成され、わたしは週に一回は生田神社の近くにあった以前の神戸YMCAに通ったものでした。

やがて、京阪神が協同して近畿ハイY大会を開き、それが成功したので、東京、横浜、山梨などにも呼びかけて、日本ハイY連盟（日本ハイスクールYMCA連盟）を設立しようということになりました。結成大会の会場には六甲山にある大阪YMCAのキャンプ場が選ばれ、特別講演には文部大臣を務められた森戸辰男氏をお招きして、全国ハイY連盟設立総会を開きました。

大阪YMCAのキャンプ場で開いたのですから、大阪の学生が設立総会の議長になれば良かったと思うのですが、会場の場所が神戸の六甲山だったからでしょうか、議長の役がわたしにまわってきました。森戸辰男先生の優れた講演の後に設立総会が開かれ、種々討議をした末、わたしは議長として日本ハイY連盟を結成することに賛成かどうかを議場に問いました。

全国連盟を結成するために日本の各地から集まって来たのですから、全員賛成の挙手がありました。わたしは議長として「全出席者の賛成のもとに、ここにわたしたちは日本ハイスクールYMCA連盟を結成することを決議しました」と設立宣言をし、祈りを捧げました。

わたしはこう祈りました。


主よ、日本ハイスクールYMCA連盟の結成を決議することのできたことを感謝いたします。

わたしたちは各地に散って行きますが、それぞれの地で、日本ハイスクールYMCA連盟のために働く者とならせてください。

主よ、わが思いではなく主のみ心をなしたまえ、アーメン。


真剣な喜びに満ちた、ある意味では格好の良い祈りでした。わたしの高校生活の一つのクライマックスでもありました。このような場に立たされたことを、わたしは忘れることができません。感謝をしています。

しかし、牧師となりキリスト教大学の教師として奉仕するようになり、次第に「わが思いではなく主のみ心をなしたまえ」と祈れない自分に気づくようになりました。それは自分の問題でもあり、教会の問題でもあり、キリスト教学校の問題でもありました。

わたしが深い影響を受けた人物の一人に、マルティン・ブーバーというユダヤ人の思想家・哲学者がいます。

彼の書いた自伝的断片という副題のついた『出会い』という書物があります。その中の「書物と人間」という文章で、ブーバーはこう語っています。

もし、青年時代の初期に、人間だけと交わるのと、書物だけと交わるのと、そのいずれをとるかと訊ねられたならば、私は、もちろん、後者をえらぶと言ったであろう。しかし、時がたつにつれて、事情は次第次第に変わってきた。別に、その後、書物についてと同じ位多く、人間についても愉快な経験をしたというわけではない。むしろ、その反対に、依然として、私は純粋に喜ばしい人間よりもはるかにしばしば純粋に喜ばしい書物に出会っている。しかし、人間についての多くの不愉快な経験は、いかなる崇高な書物も及ばぬほどに私の生命の根源を養ってくれたし、人間についての愉快な経験は地上を私の庭園に変えてくれたのである。

この文はわたしには忘れられない言葉であり、しばしば思い出し、教えられ、講演などにも引用してきました。

わたしもまた、時が経つにつれて事情は次第次第に変わってきたという体験をさせられたからです。「わが思いではなく」と祈りつつ、自分中心の自分がいます。人のためにと祈りつつ、その只中で、絶えず自分のことを守ろうとしている自分の姿に気づかされたからです。

その中で昨年の入院、手術は辛かったけれども、わたしにはまた恵みの時でもありました。わたしは祈られている自分へと目を移す機会を与えられ、皆さんに祈られ励まされて自分が生かされていることに、感謝しています。

手を伸ばしなさい

イエスは人々がわなを仕掛けていることを知りながら、退くことはありませんでした。三節以下はこう明快に語っています。

イエスは手の萎えた人に、「真ん中に立ちなさい」と言われた。そして人々にこう言われた。「安息日に律法で許されているのは、善を行うことか、悪を行うことか。命を救うことか、殺すことか」。彼らは黙っていた。そこで、イエスは怒って人々を見回し、彼らのかたくなな心を悲しみながら、その人に、「手を伸ばしなさい」と言われた。（マルコ三・三―五）

①「真ん中に立ちなさい」。
②「安息日に律法で許されているのは、善を行うことか、悪を行うことか。命を救うことか、殺すことか」。
③「手を伸ばしなさい」。

この三点にイエスの意志が明らかに示されています。
①事が行われたのは、片すみでなく会堂の真ん中でした。明確な主張をもって、主は行動を起こされました。
②大切なことは人を生かすことであり、殺すことではありませんでした。右手を治すことは、実はこの人の生命を救うか否かの厳しい選びでした。
③イエスに向かってなえた手を伸ばすことを、主は求められました。手のなえた人にとって、その手を伸ばすことには勇気と決断が要ります。

これら三つの点を代表する例を考えてみましょう。

第一は、預言者エリヤです。エリヤは紀元前九世紀に北王国イスラエルで、アハブ王とイゼベル王妃と闘った預言者でした。

列王記上一八章でエリヤとバアルの預言者が対決した時、エリヤは四五〇人のバアルの預言者をカルメル山に集め、「アブラハム、イサク、イスラエルの神、主よ、あなたがイスラエルにおいて神であられること、またわたしがあなたの僕であって、これらすべてのことをあなたの御言葉によって行ったことが、今日明らかになりますように。わたしに答えてください。主よ、わたしに答えてください。そうすればこの民は、主よ、あなたが神であり、彼らの心を元に返したのは、あなたであることを知るでしょう」（列王上一八・三六―三七）と祈りました。エリヤはすべての民の前で、このことを行いました。そしてバアルの預言者四五〇人を捕らえ、イスラエルの信仰を守ったのでした。

第二に、弟子たちが麦の穂を摘んで食べたことは、安息日の規定から見れば、麦の穂を摘むことによって収穫の罪を犯したのでした。摘んだ穂を手でもんだのは脱穀の罪であり、麦殻をはいで中身を取り出したのはふるいにかけた罪であり、それを口に入れたのは食事を用意した罪に当たりました。しかし、その日手のなえた人をいやし、生かすことがイエスにとって重要なことだったのであり、イエスは人々のわなを知りつつ、この一人の人に向き合われたのでした。

第三に、イエスはご自分に向かってなえた手を伸ばすことをお命じになりました。人々を見回し、彼らのかたくなさを怒り、悲しみつつ、「手を伸ばしなさい」と言われました。右手の動かなくなった人にとって、その手をイエスに向って伸ばすことが恐ろしく不安なことであったのは言うまでもありません。しかし、その人をいやし、救うために主はあえて、なえた手をわたしに向かって伸ばしなさい、とおっしゃったのです。

先日冬のオリンピックが韓国のピョンチャンで行われました。日本選手の健闘が目立ち、大きな力と勇気を与えてくれました。皆さんは誰に注目し期待を寄せられたのでしょうか。

わたしは高梨沙羅と小平奈緒に注目をしていました。連戦連勝だった高梨が突然金メダルから遠ざかり、あと一勝で世界記録というところで勝てなくなりました。黙々といつも前向きだった高梨にオリンピックでメダルを取ってほしいと思っていました。銅メダルを首にかけ涙が止まらなかった姿は感動的でした。オリンピックでは女子ジャンプ初の表彰台に上りました。

小平は主将は勝てないというジンクスを破って、五〇〇メートルで金メダルを取りました。彼女には李相花（イ・サンファ）というライバルがいました。朝日新聞の「ザ・コラム」で稲垣康介編集委員は、小平が三連覇を逃した李のもとにかけ寄り、「チャレッソ」（韓国語で「よくがんばったね」）とねぎらい、「共にプレッシャーの中でよくやったね。リスペクトしているよ」と語りかけ、二人はしっかりと抱き合った。それはおきまりの演出ではない友情物語であった、と書きました。感動的な場面でした。

フィギュアスケートでは男子の羽生結弦、女子の宮原知子の活躍が人々の心をとらえました。

二人とも右の足首を負傷しての、オリンピックに間に合うかどうかのぎりぎりでの出場でした。しかも二人とも傷ついた右足から降りねばならないジャンプを跳んだのです。勇気と決断の要ることだったと思います。しかし二人ともそれを乗り越えました。

右手のなえた人にとって右手を伸ばすことは、その時彼にとっては最も恐ろしいことであっただろうと思います。しかし、主はあえて、あなたの手をわたしに向かって伸ばせ、と命じられたのです。

主は安息日の規定を犯してまで、わなにかけられることを充分に知りながら、この人の前に立ち、この人をいやし、救い、生かそうとされました。そして、その主は、自分の手を差し伸べてこの人をいやしたのではなく、この人に「あなたの手をわたしに向けて伸ばしなさい」と命じられたのです。

信仰とは恵みを受けることです。しかし、それはただ受動的であり甘えることではなく、主に向かって手を伸ばす、強さと決断を求めています。苦難に打ち勝ち、生き抜きたいものです。

（二〇一八年三月八日）

イエスに向かって上着をまとって湖に飛び込んだペトロ

ヨハネによる福音書二一章一―一四節

はじめに

前回三月八日の講座で、ハイスクールＹＭＣＡの全国連盟を結成することを目指して、神戸六甲山にある大阪ＹＭＣＡのキャンプ場で設立総会が開かれ、わたしは神戸の委員長をしていた関係上、その設立総会の議長を幸運にも務めさせていただいたこと、討議のあと、「では採決をいたします」と言って決を取り、「全会一致で日本ハイスクールＹＭＣＡ連盟を設立することを決議しました。主よ、み心をなしたまえ」と宣言したことをお話ししました。わたしの高校生活の一つのハイライトとして記憶しています。

その会のあと、二、三の方から「先生の高校生時代のこと、もう少しお聞きしたいですね」という反応がありました。この会は、わたしのことを話す会ではなく聖書のみ言葉を共に聴く会ですが、前回と続くタイトル、内容という面もありますので、今日はわたしの新制高校時代のことから話を始めることをお許し願いたいと思います。

すでに何度もお話ししましたが、戦時中、文部省は六年間にわたって小学校に代えて国民学校を作り、戦争に対応したいわゆる軍国少年の育成に励みました。わたしはたまたまこの六年にすっぽり入り込みましたから、戦後の新制中学校の第一回生になり、わたしは思いもかけず、大阪の北野中学校を目指していたのをやめて、私学であり、キリスト教学校だからという理由で、西宮にある関西学院の新制中学部に入学しました。

そこで矢内正一という優れた情熱的な教育者に出会い、以後関西学院で五一年を過ごすという生活を始めました。新制高等学校では、第五回生ということになると思います。関西学院は一九三二（昭和七）年に大学の設立が認められましたから、旧制大学であり、大学予科というのがありました。関西学院は今までとは違う新制中学、新制高校を設立することを目指し、予科の大学の先生を中心に日本一の新制高校の設立を目指しました。

ですから、わたしの入学した頃の新制高校には、予科から大学に行かれた先生と高校に行かれた先生の同等性を図るために、教授、助教授という称号が残っていました。高等学校の先生が教授、助教授、講師といった資格を持っていた学校は他にはなかったかもしれません。

しかし、教育の不思議さは大学教授が高校に来たから高校が良くなるというほど単純ではありません。自然に大学に戻る先生と、高校教育に使命を感じて残る先生に新しい教師が加わって、関学新制高校が出来上がっていきました。この難しい時期をまとめ導いたのは、副部長・教頭の児玉国之進教授でした。その名のごとく古武士然とした大柄な貫禄のある副部長でした。

部長の河辺満甕先生が日本に自由メソジスト教会を創立した河辺貞吉先生のご子息であり、典型的な英国紳士、学生には自由に活動させ責任は自分が負うというタイプだったのに比べると、児玉先生は厳しい先生でもあり、学内をまとめ、人望を集めていました。今NHK大河ドラマで人気の「セゴドン」（西郷隆盛）をほうふつとさせる風格を持つ先生でした。ただ足がお悪くて巨体をひきずるようにして歩かれる姿は大変でした。

この児玉国之進先生が当時男だけの、悪がきの集まっていた高等部生がつけたあだ名は何だったと思われますか。「ラ・クンパルシータ」でした。タタ、タタタタン、タンタンというメロディが先生の歩き方に似ていたからです。

今時こんなことを言うときっと「差別だ！　けしからん！　人の体のことでふざけるのは悪だ！」といった批判が飛び出すと思います。しかし、当時の高等部にはそんな空気は全くありませんでした。不自由な巨体を運びながら厳しい真偽教育をしてくださる児玉国之進先生への感謝と畏敬の思いを込めて、ラ・クンパルシータというあだ名が用いられたのでした。言葉はその文字づらでなく用いる人や内容によって、大きく意味が異なります。差別語でなく尊敬語、感謝を込めてこのあだ名は用いられていました。やがて児玉国之進先生は経済学部の教授となり、定年を迎えられますが、足の具合がさらに悪化して、ひとりでお風呂に入ることが困難になりました。運動部選手を愛された児玉先生の恩義に感じて、ラグビー部などを中心としたＯＢが毎日二人で組んで児玉先生のお宅を夕方か夜に訪問し、二人がかりで先生を抱えてお風呂に入れることが、亡くなるまで続きました。

わたしが学んだ関学高等部にはこんな空気がありました。そしてこのような学校で多感な高校生活を送れたことをわたしは今も深く感謝しています。

ガリラヤ湖畔での出来事

児玉国之進先生はクリスチャンでしたから、年に二、三回礼拝でお話をされました。きちんと書いた原稿をしわがれた、いかめしい語りで読み上げられるのですが人気があり、学生たちは楽しみにしていました。

ある時、児玉先生はヨハネ福音書二一章をテキストに取り上げ、こう話されました。

ペトロは三度も主を否定した。しかし、その主が復活して、ガリラヤ湖で漁師に戻っていたペトロたちの前に現れた。ガリラヤ湖を知り尽くした漁師であったペトロたちがこの日何の収獲もなく引き上げて来た時、岸辺に立つイエスが舟の右側に網を下ろせと命じられ、それに従った彼らは多くの魚を得ることができた。

イエスの愛された弟子ヨハネがペトロに「主だ」と言った。それを聞いたペトロは裸同然だったので上着をまとって湖に飛び込んだ。「陸から二百ペキスばかりしか離れていなかった」（八節）とある。一ペキスは約四五センチメートルとあるから、九〇メートルほどしかないところをペトロは上着をまとって飛び込んだのだ。

少しでも早くイエスに会いたい。先生に裸では失礼だと上着を身に着けた。人は普通上着をぬぎ捨てて飛び込むだろう。ここにペトロのイエスへの深い思いと、尊敬し慕う気持ちが表れている。

この言葉はなぜか強烈にわたしの心に刻まれています。イエスはわたしに向かって手を伸ばしなさい、と命じられ、ペトロは上着を着けてわずか九〇メートルほどしか離れていない中を主のもとへ飛び込んだのです。

井上洋治という方がおられます。カトリックの神父であり、キリスト者の作家としても有名であり、日本人とキリスト教を徹底的に追究されましたが、『イエスに魅せられた男――ペトロの生涯』という本を書いておられます。

その中で井上神父はこう述べています。

師イエスの死後、ペトロたちの回心がおこなわれた場所は、ガリラヤなのかそれともエルサレムなのかということであるが、この点については、各福音書の記述がことなるので、判定することは大変に難しい。……

……私たちは何ら役に立つ資料を持たないわけであるが、強いて推測することを許されるならば、私はやはりマルコに暗示されているように、ペトロたちの回心はガリラヤ地方でおきたと考えたい。というのは、マルコが資料としては一番古い……からである。

……〔いよいよイエスが十字架上で息たえた時、〕師イエスを「神の子」と告白するのは、イエスの十字架上の死をみとったローマ軍の百人隊長だけである。

井上神父は、「〔彼らが回心した〕その理由であるが、私はこの異邦人を『この人はまことに神の子であった』という信仰告白に導いたものは、自分を十字架上の苦悩と孤独に追いやってくる人間に対する、イエスのゆるしのまなざしであったと思うのである。そしてこの師イエスのゆるしのまなざしこそが、師イエスの生涯をつらぬく生き方と教えの知的理解をこえて、ペトロたちをして、まさに一度は裏切り見捨てた師のために、こんどは生命を捧げる行動へとかりたてたものであったに違いないのである」と言うのです。

エルサレムに上るイエス

普通わたしたちはイエスの生涯を、ガリラヤ伝道の前半と十字架と復活の後半とに分けて考えます。そしてその中間にフィリポ・カイサリアの事件があったと考えています。

しかし厳密に見れば、①ガリラヤ伝道、②フィリポ・カイサリアの出来事、③エルサレムへ上る旅、④エルサレムでの最後の時、受難週、⑤十字架と復活、と分けることができます。

そしてその中でエルサレムに上る旅には、わたしたちはあまり注意をして来なかったのではないでしょうか。

しかし今、わたしたちはこの短い期間にも実は重要な出来事があったのではないかと、聖書は鋭い問いをわたしたちに投げかけているのではないかと思います。

イエスがエルサレムへ向かう姿をマルコ福音書一〇章三二節はこう記しました。有名な箇所です。


一行がエルサレムへ上って行く途中、イエスは先頭に立って進んで行かれた。それを見て、弟子たちは驚き、従う者たちは恐れた。


日本語の表現に「気迫に押される」という言葉がありますが、エルサレムに向かうイエスの気迫は共にいた人々を驚かせ、恐れさせたのでした。

言い換えるとイエスはひたすらエルサレムに向けて、フィリポ・カイサリアからの道を急がれたのであり、あえて言えば、イエスの目にはこれから十字架につけられるエルサレムがあり、それは苦しみの待つエルサレムへの旅でした。

二〇〇一年一月ですから、もう一八年も前のことですが、『十字架から復活の朝へ』と題をつけたレントカレンダーを出したことがあります。アドベントカレンダーというのは昔から日本にもあり、子どもたちはアドベントカレンダーの窓を毎日一枚ずつあけてクリスマスの喜びを待ったのですが、レントカレンダーはそれまでなかったと思います。

最後に二一世紀レントとイースターの表をつけました。二一世紀の終わり、二〇九九年のレントの始まりは二月二五日であり、イースターは四月一二日だということが分かります。美しい写真と共にレントの日々を黙想する言葉を記したこのレントカレンダーは、日本で初めての企画であったこともあり、かなり用いられました。

そのカレンダーの中のレント第三二日は、トマス・ア・ケンピスの有名な『イミタチオ・クリスティ』から引用しました。「キリストにならいて」「キリストのまねび」と訳されるこの書は、全世界で聖書に次いで読まれているという書物ですが、トマス・ア・ケンピスはこんな言葉を記しています。

イエスは、天国を愛する者を多く持っておいでになる
しかしその十字架を担う者はわずかしかない
慰めを乞い求める者は多く持っておいでだが
苦難を願う者はわずかである
その食卓を共にする人は大ぜい見つかるが
断食を共にしようとする人はわずかである
ひとはだれしもキリストと共に喜ぶことを求めるが

彼のために真に耐え忍ぼうと志す者は少ない
パンを裂くときまではイエスに従っていく者は多いが
苦難の杯を飲むところまで従う者は少ない

初めてこの箇所を読んだ時の衝撃を、わたしは忘れることはできません。マルコ福音書一〇章三三節以下で、イエスは「今、わたしたちはエルサレムへ上って行く。人の子は祭司長たちや律法学者たちに引き渡される。彼らは死刑を宣告して異邦人に引き渡す。異邦人は人の子を侮辱し、唾をかけ、鞭打ったうえで殺す」と三度も繰り返し語りかけられました。聖書はそのイエスのもとにゼベダイの子ヤコブとヨハネがやって来たことを記しています。

ヤコブとヨハネはイエスから重視された弟子であり、ペトロと共に三本柱となった人たちでした。彼らは、イエスが十字架を目指してエルサレムに先頭に立って進んだところにやって来て、あなたが栄光の座に着かれる時、わたしたちをあなたの右と左に置いてくださいと頼んだのでした。マタイ福音書二〇章二〇節を見ると、そこに二人の母親まで登場しています。イエスのエルサレム入城を前に、イエスの苦難の予告を聞いた時、彼らは自分たちの地位を確保しようとしたのでした。

三本柱の二本がこのことを行ったのです。今の自分主義、自分本位な社会と変わることはありません。トマス・ア・ケンピスの言葉を借りれば、最後までキリストに従う者はわずかなのです。

次に注目したいのは、他の一〇人の弟子たちがヤコブとヨハネのことで腹を立てたと記されていることです。ヤコブとヨハネの不信仰に腹を立てたのでしょうか。二人が自分たちを出し抜いて主のもとに願いを伝えたことに腹を立てたのでしょうか。将来に不安を抱き、何よりも自分たちの地位の安定を願った。彼らは皆同じだったのではないでしょうか。

ここには仕えられるためでなく仕えるために来たイエスと人々の、鋭いコントラストがあります。ただコントラストと言うだけでは、済まないものがあります。

また盲人バルティマイのいやしの記事も出てきます（マルコ一〇・四六―五二）。イエスはエリコに入りエリコを出て行こうとされたのですが、イエスが通りかかっておられると聞いた彼は、「ダビデの子イエスよ、わたしを憐れんでください」と叫び出しました。

叫び続けるバルティマイのためにイエスは急ぎの足をとめ、「何をしてほしいのか」と問われます。彼の答えは明快でした。「先生、目が見えるようになりたいのです」。

もし、今わたしたちがイエスの前に立たされ、「何をしてほしいのか」と問われたら、わたしたちは何と答えるでしょうか。答えをわたしたちは持っているでしょうか。

イエスは深く憐れんでその目に触れ、いやし、「行きなさい。あなたの信仰があなたを救った」と言われました。しかし、目を開かれたバルティマイは、進み行かれるイエスに従ったのです。

香油を注いだマリア

エリコを去ったイエスはベタニアに向かわれました（ヨハネ一二・一）。これは少し遠まわりになります。

しかしそこにはイエスの愛されたマルタ、マリア、ラザロがいました。マルタは食事で忙しく働き、ラザロは食事の席に着いていていました。マリアは純粋で非常に高価なナルドの香油一リトラを持って来て、イエスの足に塗り、自分の髪の毛でその足をぬぐったのでした。一リトラは約三二六グラムですから大した量ではなかったかもしれません。しかし、三〇〇デナリオンの値打ちがあったと言われます。香りが部屋中に立ち込めました。これは暗い受難の旅の中で、唯一の明るい出来事だったかもしれません。

しかしイスカリオテのユダは、貧しい人々に施した方が値打ちがあったではないかと批判しました。しかしこれは、領かった金入れから盗んでいた、自分の不正を正当化しごまかすためにこう言ったと、聖書は記しています。ここでも人々の目はイエスにではなく自分に向いています。

東洋英和女学院の母の会の中に「マルタとマリアの会」というのがありました。マルタのごとく奉仕し、自らの誇りや功績とするのではなく、聖書を深く学ぼうという真面目な会でした。

その中心になって働かれたのが田口多佳子さんでした。彼女は小田原に住んでおられたのですが、会のために遠いところを往復し献身的に奉仕をされ、この銀座の連続聖書講座を始めた時も、休むことなく出席してくださいました。脳溢血で倒れ、来られなくなったのはとても残念なことでした。

マリアのしたことをイエスは、「なすがままにさせなさい。わたしの葬りの日のための備えをしてくれたのだから。貧しい人々はいつもあなたがたと一緒にいるが、わたしはいつもあなたがたと一緒にいるわけではない」と言われました。

エルサレムのために嘆く

イエスの旅は今終わりに近づき、エルサレムを見渡すことのできる丘まで来られました。小さいチャペルがあり、十字架のシンプルな像を通してエルサレムの全景が見えるのです。聖地で最も印象的な場所の一つであり、エルサレムのガイドブックにも必ず出ています。

マタイ福音書は、イエスが「エルサレム、エルサレム、預言者たちを殺し、自分に遣わされた人々を石で打ち殺す者よ、めん鳥が雛を羽の下に集めるように、わたしはお前の子らを何度集めようとしたことか。だが、お前たちは応じようとしなかった」（マタイ二三・三七）と嘆かれたことを記しています。

ルカ福音書では、ファリサイ派の人々が「ヘロデがあなたを殺そうとしているから、ここを立ち去ってください」と言ったのに対し、イエスは「『今日も明日も、悪霊を追い出し、病気をいやし、三日目にすべてを終える』……。預言者がエルサレム以外の所で死ぬことは、ありえないからだ」とお答えになり、「エルサレム、エルサレム……」と嘆かれたとあります（ルカ一三・

三一―三四)。そこにはエルサレムへの、イスラエルの民へのイエスの深い愛が示されています。

わたしたちの直面する問題

イエスが先頭に立って行くその毅然とした態度は、人々を恐れさせるものがありました。しかしエルサレム途上の出来事は、わたしたちに重要な問いを投げかけているように思います。イエスのエルサレムへの旅は十字架に向けての旅であり、受難の予告を繰り返し弟子たちに語る旅でもありました。しかし、その途上で起きたいくつかの出来事は、イエスの受難の意味を、弟子たちは本当には理解していなかったのではないかという重大な問いを、わたしたちに突きつけているようにわたしは思います。

ひたすら人々の救いのためにエルサレムに向かうイエスと、その時自分はどうなるのかと、自分自身のことを考えていた弟子たちの問いには、大きな乖離があったのではないでしょうか。そしてイエスはただひとり、孤独に十字架の時を迎えられたのではないでしょうか。弟子たちが本当にイエスの十字架を、復活を理解したのは、復活の主に出会うことによってだったのではないでしょうか。

ガリラヤで弟子たちに現れたイエス

ヨハネ福音書の二一章に戻りましょう。

井上神父は、「『ヨハネによる福音書』が語るガリラヤ湖畔での次の物語は、ペトロたちの回心をうんだイエスの広く暖かなまなざしを実によくつたえているといえよう」と語っています。

ヨハネ福音書二一章はこんな言葉で始まります。

その後、イエスはティベリアス湖畔で、また弟子たちに御自身を現された。その次第はこうである。シモン・ペトロ、ディディモと呼ばれるトマス、ガリラヤのカナ出身のナタナエル、ゼベダイの子たち、それに、ほかの二人の弟子が一緒にいた。シモン・ペトロが、「わたしは漁に行く」と言うと、彼らは、「わたしたちも一緒に行こう」と言った。

（ヨハネ二一・一—三）

イエスを失った寂しさがにじみ出ている文です。

彼らはガリラヤ湖を知り尽くしたベテランの漁師でした。しかし、その夜は何の獲物もなく疲れ果てて空しく帰ってきました。そのとき岸に立っておられたイエスが、「舟の右側に網を打ちなさい」と言われました。もう夜も明け、漁の時間は過ぎていました。しかし、み言葉に従った弟子たちは大漁を得たのでした。

ここには二つの常識を超えることがありました。み言葉に従って大漁を得たこと、ペトロが「主だ」と聞くと、上着をまとって湖に飛び込んでイエスのところへ行ったことです。

獲れるはずのない大漁があり、一五三匹もの大きな魚が獲れました。一五三というのは当時知られていたすべての魚の種類だと言われています。救いが、漏れることなくすべての人に及ぶことを指していると言えるでしょう。

ペトロは上着を身に着けて主のもとへと飛び込みました。陸から二〇〇ペキスばかりしか離れていませんでした。一ペキスは「約四五センチメートル、旧約の一アンマに等しい」。一アンマは「ひじから中指の先までの長さで、約四五センチメートル」と、新共同訳聖書の付録の度量衡にあります。すると二〇〇ペキスは九〇メートルということになります。わざわざ飛び込む必要もなく、舟は岸に着くはずでした。そこには何としても、一刻でも早く主イエスのもとに近づきたいというペトロの姿が現れています。ペトロのしたことは非常識であったかもしれません。しかし、ここに師イエスに対するペトロの姿勢がありました。

繰り返しますが、作家としての井上神父は、「『ヨハネによる福音書』が語るガリラヤ湖畔での……物語は、ペトロたちの回心をうんだイエスの広く暖かなまなざしを実によくつたえているといえよう」と述べています。

弟子たちは受難予告を繰り返し三度も受けてエルサレムに行きながら、彼らの目はイエスよりも自分のことに向けられていました。彼らは真実に、イエスの十字架の持つ重い意味を理解していなかったのではないでしょうか。

しかしその弟子たち、ペトロに代表される弟子たちは、裏切った自分たちになお向けられる復活の主のまなざしによって、真実にキリストの弟子として立ち直ったのではないでしょうか。「主は今も生きておられる」。この復活の出来事が彼らを変えたのです。

昨年は多くの出来事がありました。病院は見舞いに行くところと考えていた男が、見舞われ、祈られる存在になりました。戸惑いがあり、「主よ、なぜなのですか」と問わざるを得ないこともありました。しかしそのようなわたしを支えたのは、主が生きて共にいてくださる、祈り励ましてくださる方々がいるという現実でした。

わたしたちは今ここで、本当に悔い改めの信仰に生きているかと問われる思いがいたします。復活したイエスに出会う前、イエスを十字架につけた人々に囲まれて、弟子たちは部屋に鍵をかけ、祈っていました。しかし、その弟子たちを生かしたのは、主が生きておられるということでした。ペンテコステの日、ペトロはユダヤの民衆の前でキリスト教史上最初の説教をしました。「あなた方が十字架につけて殺してしまったイエスを、神はよみがえらせた」「わたしたちは皆、そのことの証人である」「十字架につけられた主は、今も生きておられる」、この確信が弟子たちを変えたのです。

逃げ出した弟子たちが帰って来ました。彼らは復活の主によって新しく造り変えられたのです。

おわりに

人生には苦難がつきまといます。

五月九日から、また入院手術をして帰って来ました。一〇日の午後三時半から全身麻酔で手術したにも拘らず、翌一二日の昼二時に、帰ってよいと言われて帰ってきました。ほっとした午後、娘たちからおいしそうな食事と贈り物が届きました。自分でフラワーアレンジメントした花籠は、ほのかな花の香りと色彩を楽しませてくれるものでした。あまりにもタイミングが良かったので、おめでたいわたしはすっかり退院祝いだと思い込んでしまいました。入院前は、やはり緊張感も心配もあり、入院中は絶飲絶食でしたから、美しい花の香りと色彩を楽しみ、おいしい食事を楽しみ、なんとわたしは完食をしました。

手術からまだ二四時間経っていない時でした。すべて食べ終えた時、わたしは初めてこれは退院祝いではなく、言うことを聞かない病人であり、全く無理解で世話のやける旦那であるわたしの世話をしている家内への、母の日のプレゼントだと分かったのです。送り状を見てみると、皆「船本惠様」とあり、「船本弘毅様」とは一つも書かれていなかったのです。

家内に、「あなたはこれは明日（母の日）の食事と花籠だと思わなかったの?」と聞くと、「分かっていたよ、しかしあんなにはしゃいでいるので言えないじゃない!」ということでした。かくしてわが家の二〇一八年の母の日のお祝いは一日早く行われることになりました。娘たちはもう大人ですから、めったにやって来ません。しかし、こうして覚えていてくれるのは、やはりありがたいことです。

わたしたちは本当に復活の主を信じ、主が今もわたしたちと共に生きてくださっていることを信じているでしょうか。

苦難を避けられない、わたしたち人間です。年齢と共に、思いがけないことがわたしたちを苦しめます。しかし、復活の主がわたしたちへの愛のまなざしを注ぎたもうことを信じ、生きていきたいものです。

裏切者をゆるし、再び召してくださる方の恵みの中で、今日も明日も生きたいものです。


（二〇一八年五月二二日）

あとがきに代えて

――恐れは変わりて　祈りとなり　嘆きは変わりて　歌となりぬ

コリントの信徒への手紙二、三章一―一一節

三四回目の今日、皆さんにお会いできたことは、これ以上の喜びはありません。皆さんが、いろいろな助けをくださり、その助けに支えられて、わたしは、今ここにいることができています。本当に思いがけないことですが、事実は事実です。

六月二六日に大阪北部を震源とする地震（大阪府北部地震）がありました。それが高槻であることに、すぐ気がつきました。わたしは一九六四年にニューヨークのユニオン神学大学の留学を終え、八月三一日に帰国。手荷物しかないまま、九月一日に家族と共に、わたしが育てられた大坂城北教会の祈りの地、高槻に足を運びました。高槻は、開拓伝道の牧師として最初に遣わされた地です。

事の始まりは、伊豆下田で、父・船本坂男が設立した下田教会――わたしの生まれた小さな教会でした。だんだん人数が減っていく中で、わたしたちはその教会を、応援伝道しようではないかと考えたのです。でも、応援ではないのですね。わたしたちを支えてくれる教会の働きを、わたしたちは互いに、助け合うべきではないか。これが、今日のわたしの思いで

す。

心を込めて造られた教会を、わたしたちは応援する者としてではなくて、共に生きる者、共に生きる教会として覚えたいと思いました。

わたしたちの教会が新しく立って行くために、「恐れは変わりて　祈りとなり　嘆きは変わりて　歌となりぬ」をテーマに掲げました。わたしの愛唱の讃美歌でもあります。そしてこの言葉が持っている意味を深く考えたいと思っています。

『リバイバル聖歌』というのがありましたが、新しい讃美歌集は『聖歌』といい、この『聖歌』は新しい時代を開くきっかけになりました。

わたしが受けた手術が、胆管がんであったことはお気づきの方もあったと思います。いろいろな苦難がもちろんそこにはあったわけです。その状況の中で生かされながら、今日があります。

手術をしてくださった岡本友好先生（慈恵医科大学附属第三病院外科部長）は、特別に「あなたの決断どおりに動きなさい」とおっしゃいました。そして今、わたしはこの場に自分が立っているその不思議を思わずにはいられません。多くの方が、この戦いのために協力をしてくださいました。今ここに立つことは、無理だと思っていました。でも、岡本先生は、「行っていらっしゃい！」と言ってくださいました。「大事な問題を十分に、皆さんの理解を深めて来てください」とおっしゃいました。そして今、わたしはここにいるのです。

ご一緒に考えたいことは、今ここにいる自分が、皆さんの祈りの中にあるということ、そのことを感謝しながらここに立っています。

地震になり、新しい試練に遭った高槻教会も、このわたしを助け支えてくださり、多くの友人、教会での交わりが神さまのみ手の中で共に生まれる喜びと祈りがそこにあります。そこには、祈り、祈られる歩みが始まり、わたしたちが多くの教会にあって、共に神を見上げる信仰に、どのように向かって生きていくのかという厳しい質問の前に、一人ひとりが立たされているのです。

（船本先生、ありがとうございました。拍手）

『聖歌』四九八　歌いつつ歩まん
『讃美歌』二四四　行けどもゆけども

（二〇一八年七月二六日）

＊　＊　＊

夫・船本弘毅のキリスト教講座（日本キリスト教文化協会主催）は、八年余り続き、計画では、第三五回が二〇一八年一〇月二三日、第三六回が二〇一九年一月二三日で終わることになっていました。冒頭に掲げたのは、最後となった第三四回の講演を文字起こしたものです。

その当日、主治医の岡本友好先生は「行っていらっしゃい」とおっしゃいました。そのとき、「船本さんは、使命を持って向かっています。使命感ですよ。これをストップすると病が勝ちます」と私の方に振り返っておっしゃいました。「その代わり、先生、点滴を二本受けてからにしてください」と言われて、夫は「はい！　ありがとうございます」と、子どもが褒められたときのような大きな声で、よいお返事をしました。そして車椅子と車で、皆さんの待ってくださる会場にかけつけたのです。司会の方には事情をお話しし、話の途中であっても、合図で、ストップをお願いしました。

今まで学びの中で共に祈り支えてくださった方々は、夫がこの講座の交わりをどんなに深く温かいものであると思っていたか、お分かりいただけると思います。力をいただき、希望に至る生をただただ感謝しております。

『聖書に聴く「生と死」』のあとがきに、「本書が問題追及への一つの手掛かりになれば、これに勝る喜びはありません」（二三五頁）と記しております。今、大変な世の中で、この本を通し、聖書に、そして神様に目を向ける生き方にぶつかったとき、神様が、ここにいらっしゃるということを今一度、静かに心に受け止めたいと思っています。

夫は二回残った講座のことを思いつつ、「終わって三冊目を出版できたら、僕の仕事は終える！」と願い祈っておりました。

この本の出版を可能にしてくださった、教文館社長渡部満様には、最後になりました今回の本に推薦のことばをお書きいただきました。今までの大きなお支えを心から感謝申し上げます。公私共に親しいお交わりをいただきました教文館会長宮原守男様にも感謝いたします。友人であった浅野忠利様（富士見町教会）は、〈ヨナ＝大魚の中の三日三晩〉と題するカバー装画をお描きくださいました。また、御苦労が多かったと思われる手書きの原稿を書き起こしてくださった、藤垣昭雄牧師（水元教会）、濱田美也子牧師（豊島岡教会）に心から感謝申し上げます。

講演のための数々の準備と実務を、また当日司会をしてくださった矢崎容子様、讃美歌の伴奏をしてくださった内藤和子様、そして、最後になりましたが出版のために編集等に細かい心配りで支えてくださった石澤麻希子様、髙木誠一様、多くの方々に心から感謝申し上げます。

一〇年近くも、このキリスト教講座が続いたのは、出席者はもちろん、数知れない多くの方々の祈りが支えになったからだと思います。

神様、これからも日本における教文館の働きを見守ってください、と祈りを込めて。

二〇二一年五月

船本　恵

《著者紹介》

船本弘毅（ふなもと・ひろき）

1934年静岡県に生まれる。1959年関西学院大学大学院神学研究科修了。1962–64年ニューヨーク・ユニオン神学大学大学院に留学。1973–74年スコットランド・セントアンドリュース大学博士課程に留学、1982年同大学よりPh.D（哲学博士）受領、サムエル・ラザフォード賞を受賞。関西学院大学教授、同宗教総主事、南メソジスト大学客員教授、東京女子大学学長、東洋英和女学院院長などを歴任。日本基督教団高槻教会、横浜明星教会で牧会。関西学院大学名誉教授、高槻教会名誉牧師。2018年に逝去。

著書　『NHK宗教の時間　新約聖書イエスのたとえ話をよむ上、下』（NHK出版、2009年）、『水平から垂直へ——今を生きるわたしたちと聖書』（教文館、2013年）、『NHK宗教の時間　聖書によむ「人生のあゆみ」上、下』（NHK出版、2014年）、『知識ゼロからの教会入門』（幻冬舎、2015年）、『聖書に聴く「生と死」』（教文館、2015年）、『ガラテヤの信徒への手紙を読もう——自由と愛の手紙』（日本キリスト教団出版局、2016年）など。その他訳書、編著書、監修書多数。

聖書に聴く「人生の苦難と希望」

2021年6月25日　初版発行

著　者　船本弘毅

発行者　渡部　満

発行所　株式会社　教文館

〒104-0061　東京都中央区銀座4-5-1　電話 03(3561)5549　FAX 03(5250)5107

URL　http://www.kyobunkwan.co.jp/publishing/

印刷所　モリモト印刷株式会社

配給元　日キ販　〒162-0814　東京都新宿区新小川町9-1

電話 03(3260)5670　FAX 03(3260)5637

ISBN 978-4-7642-6154-9　Printed in Japan

教文館の本

船本弘毅

水平から垂直へ

今を生きるわたしたちと聖書

四六判 240頁 1,900円

問題が山積する現代に生きるわたしたちに、聖書は何を語りかけているのか。垂直を目指す地上での水平の旅路を支える、聖書の「生命と希望」のメッセージを語る。日本キリスト教文化協会主催、連続聖書講座の講演集。

船本弘毅

聖書に聴く「生と死」

四六判 238頁 1,900円

「いのち」が軽視されたり、比べられたりする風潮が広がる中、自分の「いのち」をどう生きるか。人生の苦難に寄り添い、身近な話題や古今東西の名著を取り上げながら、聖書の言葉を分かりやすく紹介する。日野原重明氏推薦。

S. R. ヘインズ／L. B. ヘイル　船本弘毅訳

はじめてのボンヘッファー

四六判 224頁 1,800円

『服従』や『獄中書簡集』などを著すと同時に、反ナチス抵抗運動のメンバーとしてヒトラー暗殺計画に加わり、殉教の死を遂げた神学者ボンヘッファー。彼が存在を賭けて取り組んだ神学的冒険の全貌をイラストとともに辿る。

日野原重明　［在庫僅少］

愛とゆるし

四六判 160頁 1,000円

「いのち」を見つめる医師として、七十年におよぶ活動を支え続けた信仰をやさしい言葉で語る説教集。平和な世界の実現を願い、命のバトンを次世代に引継ぐために。すべての人が「ありがとう」と言える最期を迎えるために――。

近藤勝彦

窮地に生きた信仰

ヨセフ物語、ダビデ物語、ダニエル書による説教

B６判 306頁 2,500円

イスラエルの民の信仰が、苦難の歴史をとおしてはぐくんだ壮大なドラマ。人間の栄光と悲惨に関与し続ける神。今日の危機的状況を生きる現代人に「平和の神」への信仰を強め、慰めと希望と励ましを与える。

上記価格は本体価格（税抜）です。